大学生创新创业

主　编　杨　舟

参　编　刘小文　朱少华　孔　笛　徐清清
　　　　吉书红　王培帆　贺海兵

 电子工业出版社·

Publishing House of Electronics Industry
北京 · **BEIJING**

内 容 简 介

本书面向高校学生，紧紧围绕立德树人的根本任务，以社会主义核心价值观为统领，全面贯彻党的二十大精神，按照"大众创业、万众创新"的要求，以素质教育为主题，以转变教育思想、更新教育观念为先导，以提升学生的社会责任感、创新精神、创业意识和创业能力为核心，以改革人才培养模式和课程体系为重点，强化对大学生创新创业理念、价值、精神、能力等的知识教育，培养服务国家创新驱动发展战略的人才，促进大学生创新创业素质的全面提升，努力实现大学生更加充分、更高质量的就业。

图书在版编目（CIP）数据

大学生创新创业 / 杨舟主编 . -- 北京 ：电子工业

出版社，2024. 9. -- ISBN 978-7-121-48739-2

Ⅰ . G647.38

中国国家版本馆 CIP 数据核字第 2024UV6528 号

责任编辑：张云怡

印　　刷：山东华立印务有限公司

装　　订：山东华立印务有限公司

出版发行：电子工业出版社

　　　　　北京市海淀区万寿路 173 信箱　　　　邮编　100036

开　　本：787×1092　　1/16　　印张：10.5　　字数：268.8 千字

版　　次：2024 年 9 月第 1 版

印　　次：2025 年 7 月第 3 次印刷

定　　价：39.00 元

凡所购买电子工业出版社图书有缺损问题，请向购买书店调换。若书店售缺，请与本社发行部联系，联系及邮购电话：（010）88254888，88258888。

质量投诉请发邮件至 zlts@phei.com.cn，盗版侵权举报请发邮件至 dbqq@phei.com.cn。

本书咨询联系方式：（010）88254573，zyy@phei.com.cn。

前　言

　　高校作为培养人才的摇篮、创新创业的孵化器，应把新时代大学生创新创业教育摆在重要位置，不断推进创新创业教育工作向前发展。这既是新时代赋予高校教育的崭新课题，又是国家实施创新驱动发展战略、促进经济提质增效升级的迫切需要，还是培养大学生创新精神、创业意识与创新创业能力的重要途径，更是推进高校教育综合改革、促进高校学生更高质量创业就业的重要举措。大学生是最具创业潜力的群体之一，是大众创业、万众创新的生力军。中国特色社会主义进入新时代，为我国创新创业教育注入了新的时代内涵，提出了新的工作要求。

　　党的二十大报告提出："完善促进创业带动就业的保障制度，支持和规范发展新就业形态。"高校肩负着人才教育培养的重任，有义务加大对大学生创业的扶持力度，建立健全创业培训体系，提高大学生的创业能力，加强与企业、政府的合作，为大学生创业提供知识、技术、市场等方面的支持，助力大学生以创业带动就业。

　　为深入贯彻落实党的二十大精神，培养干事创业先锋力量，加强新时代大学生创新创业教育，本书在党的二十大精神的指导下，落实立德树人的根本任务，以社会主义核心价值观为统领，全面贯彻党的教育方针，按照"大众创业、万众创新"的要求，以素质教育为主题，以转变教育思想、更新教育观念为先导，以提升学生的社会责任感、创新精神、创业意识和创业能力为核心，以改革人才培养模式和课程体系为重点，强化对大学生创新创业理念、价值、精神、能力等知识教育。这样不仅能够提升大学生创新创业的本领和综合素质，还能有效服务社会主义现代化建设，促进国家经济事业的发展。

目 录

第一章 创新思维

【素养目标】本章旨在让学生了解创新的内涵与重要性、创新的类型与模式，从而帮助学生能对创新有大概的了解。

掌握创新思维能帮助大学生发现新的商业机会，从而使其创造出新的产品、服务或商业模式，进而抓住商业机会。在竞争激烈的商业环境中，拥有创新思维和创新能力的大学生往往能够脱颖而出，从而在市场中获得优势，创造更美好的未来。

第一节 创新概述与重要性

一、创新概述

人类所做的一切事情都存在创新，创新遍布方方面面，如观念、知识、技术的创新，政治、经济的创新，工作、生活、学习、娱乐的创新，衣、食、住、行、通信等领域的创新。建立创新体系，以创新引领发展，已成为世界上许多国家的选择，我国更是掀起了"大众创业，万众创新"的浪潮。大学生是国家未来发展的希望，肩负未来创新的重任，更需要以新的思维模式和理论基础为指导，学习掌握可以有效实践和广泛采用的创新方式。

在西方，"创新"概念的起源可追溯到1912年，美籍经济学家熊彼特提出，创新是指把一种新的生产要素和生产条件的新结合引入生产体系。到20世纪60年代，随着新技术革命的迅猛发展，美国经济学家华尔特·罗斯托提出了"起飞"六阶段理论，将"创新"的概念发展为"技术创新"，把"技术创新"提高到"创新"的主导地位。我国自20世纪80年代开始开展技术创新方面的研究。相关学者认为，技术创新是指企业家抓住市场的潜在盈利机会，以获取商业利益为目标，重新组织生产条件和要素，建立起效能更强、效率更高和费用更低的生产经营系统，从而推出新的产品、新的生产（工艺）方法，开辟新的市场，获得新的原材料或半成品供给来源，建立企业新的组织，它是包括科技、组织、商业和金融等一系列活动的综合过程。

（一）创新的原则

创新不是凭空的灵光一闪，不能一蹴而就。人们常常苦恼该如何创新，其实从发现问题开始是一种简单好用的方法。发现问题是指能够从外界众多的现象和信息源中，发现自己所需要的、有价值的信息。在日常的生产、生活中，人们总会遇到大大小小的不满或抱怨，不管是他人的还是自己的，这些"不满或抱怨"是一种未被满足的用户需求，可以通过访谈、观察、亲身体验等方式去了解，从而将"不满或抱怨"转化为创新的机会。

1. 遵循科学原理原则

创新必须遵循科学原理，不得违背科学发展规律。因为任何违背科学原理的创新都是不能获得成功的。例如，近百年来，许多才思卓越的人耗费心思，力图发明一种既不消耗任何能量、又可源源不断对外做功的"永动机"。但无论他们的构思如何巧妙，结果都失败了。原因在于他们的创新违背了能量守恒的科学原理。

2. 市场评价原则

创新的设想想要获得最后的成果，必须经受住市场的严峻考验。爱迪生曾说："我不打算发明任何卖不出去的东西，因为不能卖出去的东西都没有达到成功的顶点。"创新的设想需要在进行市场评价时把握住评价事物使用性能的几个基本方面（解决问题的迫切程度，功能结构的优化程度，使用操作的可靠程度，维修保养的方便程度，美化生活的美学程度），然后在此基础上得出结论。

3. 相对较优原则

创新的产物不可能十全十美。在创新过程中，人们要利用创造原理和方法，获得许多创新设想，并按相对较优原则，从创新技术先进性、创新经济合理性、创新整体效果性上进行比较选择。

4. 机理简单原则

在现有科学水平和技术条件下，如不限制实现创新方式和手段的复杂性，所付出的代价可能远远超出合理程度，从而使创新的设想或结果毫无使用价值。因此，在创新的过程中，要始终贯彻机理简单原则。

（二）创新需要的基本条件

虽然创新无处不在，人人皆可创新，但是进行创新也需要一些基本条件，从而让创新者在探索创新的道路上走得比较顺畅。

1. 创新需要改变心态

在创新活动中，人们特别是初步尝试创新的人，要秉承"3A"原则，即接纳（Accept）、应用（Apply）、适应（Adopt）。其中，接纳处于首位，然后要积极行动进行应用，最后要适应实际情况进行调整。特别是在面对困难的时候，只有接纳问题，才有克服困难的勇气。

2. 创新需要引导工具

当人们在创新活动中拥有了接纳的心态时，就可以捕捉到更多创意。引导工具可以帮助人们在创新活动中高效地解决问题，特别是在问题多、无法在有限的时间内一起解决的时候，引导工具可以推进活动正常进行。例如，头脑风暴法可以激发人们想象，但是无序地发表意见不一定会得到想要的结果。如果在使用头脑风暴法前，使用引导工具思维导图，提前确定参与讨论的目标人群，或者关键的问题范围，然后有针对性地展开讨论，这样不仅不会束缚团队的想象，还会让讨论更有效率。

3. 创新需要方法论

在创新活动中，特别是当参与的人们只有想法、意愿，没有章法的时候，需要有一套方法和流程，帮助人们用同样的"语言"，以同样的"思维模式"进行对话。学习创新的方法论，就是学习一种创新的"语言"和"思维模式"，运用这种"语言"和"思维模式"可以结识更多有创新意愿的伙伴，一起积极行动，不断创新。

二、创新的重要性

（一）创新对国家和民族的重要性

创新对一个国家和民族而言，有着重要的影响作用，它是国家发展和民族振兴的前提保证。当前的社会发展需要创新型的人才。创新是挺进新时代的一张通行证；是一个民族甚至国家赖以生存的灵魂；是普通人才成为高新人才所应具备的素质。近年来，我国各方面的实力之所以能够发展得如此迅猛，是因为创新在其中发挥了极为重要的作用，如国防实力的提升、教育水平的提高、科研成果的不断问世、航天事业的快速发展等。近年来，我国重大创新成果竞相涌现，创新能力持续提升，创新的"脉动"尤为强劲。放眼深海，"海牛Ⅱ号"

钻机钻出 231 米的新纪录；遥望星空，海洋一号 D 卫星和海洋二号 C 卫星闪耀星河；"华龙一号"全球首堆中核集团福建福清核电 5 号机组投入商业运行。这些都标志着我国在科技创新领域跻身世界前列。

（二）创新对企业的重要性

创新是企业发展的根本动力。首先，创新可以使企业开发出具有竞争力的新产品和新服务，提高企业的市场竞争力。其次，创新可以提升企业的经济效益，帮助企业有效地提高生产率、降低成本，同时也可以帮助企业创造更多的经济效益，从而确保企业实现可持续发展。此外，创新还有助于企业更好地了解市场的发展趋势，从而帮助企业更好地实施其发展战略。

创新是提高企业竞争力的法宝，尤其是在高新技术产业领域，创新被称为企业的生存之本和品牌的价值核心。华为成功的秘诀就是创新。"不创新才是华为最大的风险"，任正非的这句话道出了华为骨子里的创新精神。"回顾华为 20 多年的发展历程，我们体会到，没有创新，要在高科技行业中生存下去几乎是不可能的。在这个领域没有喘气的机会，哪怕只落后一点点，就意味着被淘汰"。正是这种强烈的紧迫感驱使着华为持续创新。

华为虽然和许多民营企业一样从做贸易起步，但是华为并没有像其他企业那样，一直沿着贸易的路线发展，而是踏踏实实地开始进行自主研发。华为把每年销售收入的 10% 投入研发，数十年如一日，近 10 年投入的研发费用有 1000 多亿元人民币，其在招揽人才时提供的薪资往往比外资企业还高。华为的创新体现在企业的方方面面，在各个细节之中。华为用自己的亲身实践告诉世界，只有创新才能拥有未来。

（三）创新对个人的重要性

创新无大小，其存在于生活的细微角落。当人们坚信创新可以让生活变得更美好的时候，会更积极勇敢地拥抱这种自信，努力克服各种困难，让梦想最终得以实现。创新能帮助个人拓宽思维，实现人生价值，受到社会赞赏。创新是思维、技术和行动的结合，能使个人打破常规，不断改进并取得成果。

一名职员因为道路拥挤而上班迟到，他灵机一动，产生一个"为行人设立一条快行道"的想法。该创意最终得到政府的支持，政府设立了一条快行道，让有急事和不着急的人各行其道，深受市民欢迎。

一名麻省理工学院的学生发现工程绘制用的铅笔用到最后都会剩下一截，日积月累产生一大堆铅笔头，很浪费。于是，他发挥创造力，并通过多次实验，终于研制出一种可以

使废弃的铅笔头上长出各种各样植物的生物降解小胶囊，由此变废为宝，给生活带来意外惊喜。

第二节　创新思维概述与表现形式

一、创新思维概述

创新思维也被称作创造性思维，它是人类思维的高级过程，是一种具有开创意义的思维活动，即开拓人类认识新领域、开创人类认识新成果的思维活动。形成创新思维的关键在于怎样具体地进行思维的创新。越来越多的创新者开始寻求商业、教育及社会领域的创新与变革，这时需要一套有较高适用性、清晰、有效、易操作的创新理论，于是设计思维应运而生。

美国斯坦福大学设计学院专门开设了一门讲授用设计思维进行创新实践的课程。这门课程通过使用引导工具，促使学生转变心态，然后让他们用一整套逻辑清晰的流程来发现问题、明确目标、催生创造性的解决方案，并将创造性的解决方案转化为现实。通过学习设计思维，学生们可以深刻了解和挖掘现实生活中的真实需求，并且通过创造性的解决方案满足这些需求，进而改善用户体验，不断提高人们的生产和生活水平，推动社会的发展。可以说，设计思维是集引导工具、心态建设和方法论于一体的、催生创意并将其具象化、现实化的一整套方法论和工作流程，也是当前众多创新思维中最重要的思维理论和最有效的实践工具。

二、创新设计的三个要素

在进行创新设计时，有三个要素是需要平衡的，分别是以人为本、技术可行性和商业可行性。只有全面考虑这三个要素，才能实现真正的创新价值和商业价值，才能将创新从概念变成现实，造福大众。

一个好的创新设计一定是符合用户需求的，是以人为本的。从人的需求出发，解决人的问题，服务于人，并被人们接受和广泛使用，只有这样的创新才是有生命力的、可持续的创新。

与此同时，在进行创新设计时，要考虑技术因素，也就是技术可行性。技术可行性分析可以将设计者的想法或概念落到可执行的技术层面。在进行技术可行性分析时，要充分考虑现阶段科学技术发展的情况、生产制造的能力、团队开发的水平。很多时候，新技术的落地总能带来很多不可思议的事情。例如，随着移动互联网的快速发展，共享单车的创意得以迅速实现。

除了技术因素，还应当考虑商业因素，也就是商业可行性。创新产品或创新创意不但要具有技术可行性，还要与商业相结合，要从商业价值的角度去分析和思考其是否可行。如果商业价值低，或者商业模式不成熟，不能被市场所接受或由于成本太高而无法持续，那么就需要重新思考。拥有好的商业模式，可以让创新产品更好地服务大众。

三、创新思维的表现形式

（一）直觉思维与灵感思维

1. 直觉思维

直觉思维是指对一个问题未经逐步分析，仅依据感知就迅速地对问题的答案做出判断、猜想、设想。直觉思维是一种潜意识的思维活动，是基于对研究对象的整体把握，在思维主体还没有意识的情况下，就已经找到结果。直觉是人们在认识过程中，在有意识和无意识、新知识和旧知识突然结合时而产生的认识上的飞跃。例如，德国数学家高斯曾经花了数年都没能成功地求证一个数学定理，却在突然之间就解决了。他说："像闪电一样，谜一下子就被解开了。"直觉是不可言传的预感，有人称之为第六感，它像人的肌肉那样，可以通过锻炼来强化。强化直觉思维能力可从以下两点入手：一是获取广博的知识和丰富的生活经验；二是培养敏锐的观察力和洞察力。

2. 灵感思维

灵感思维是指人们借助直觉启示而突然迸发的一种领悟或理解。灵感是一种高度复杂的思维活动。现代科学研究表明，灵感是大脑的一种特殊技能，是思维发展到高级阶段的产物，是大脑的一种高级感知能力。灵感是人们思维过程中认识飞跃的心理现象，是一种新思路的突然打通。灵感思维是人们在文艺创作、科学研究中因创造力突然达到超水平发挥的一种特定心理状态。灵感不是唯心的、神秘的东西，它是客观存在的，是思维的特殊表现形式。灵感来源于信息的诱导、经验的积累、联想的升华、事业心的催化。诗人、文学家的"神来之笔"，科学家、发明家的"茅塞顿开"都说明了灵感的这一特点。

英国国家图书馆是世界著名的图书馆之一，里面的藏书非常丰富。有一次，图书馆要搬家，算了一下，光搬运费就要几百万英镑，图书馆根本没有那么多钱。怎么办？有个馆员向馆长提出了一个建议，结果只花了几千英镑就解决了图书馆搬家的问题。按照该馆员的建议，图书馆在报上登了一则广告：从即日开始，每位市民可以免费从英国国家图书馆借 10 本书，条件是从旧馆借出，还到新馆去。结果，广告一出，市民蜂拥而至，没几天，就把图书馆的书几乎借光了，而且大家都按期把书还到了新馆。就这样，图书馆借用大家的力量搬了一次家。

（二）质疑思维

在学习、工作中，我们常常会把某些习惯视为理所当然，殊不知许多偏见就是这样形成的。创新思维的关键就在于善于和敢于质疑。

质疑思维就是对各种问题都要持怀疑、好奇的态度并进行思考，是主体在原有事物的条件下，通过"为什么"的提问，综合运用多种思维改变原有条件而产生新事物（或新观念、新方案）的思维方法。例如，对"苹果为什么会从树上掉下来""蒸气为什么能够顶起壶盖"的质疑和思考，让牛顿、瓦特发现了重要的物理规律。巴甫洛夫曾指出："质疑是创新的前提，是探索的动力。"

（三）联想思维与逆向思维

客观世界是复杂的，是由许多形形色色的事物构成的，不同事物之间又存在着各种各样的差异。事实证明，两个事物之间的差异越大，将它们联想到一起就越困难，而一旦将两种看似不相干的事物联系起来，往往就能有所创新。

1. 联想思维

联想是指在头脑中根据不同事物在空间或时间上的彼此接近进行联想，从而引发某种新的设想。联想思维具有很多不同的表现形式，如接近联想、相似联想、相对联想、飞跃联想等。

2. 逆向思维

逆向思维是指利用事物间相互联系、相互制约的特性，从问题反面或侧面探寻事物本质属性的思维方法。逆向思维也具有很多不同的表现形式，如原理逆向、功能逆向、条件逆向、程序（方向）逆向、状态（过程）逆向等。

////////// 创新工厂 //////////

请分组并围绕创新思维展开讨论，回答下列问题并做游戏。

创新思维有哪些表现形式？分析下面的游戏活动需要运用的思维形式。

用硬纸板做一个圆盘，像表盘那样分成 12 格并写上数字，在 12 个数字旁边写上 12 种性质：黄色、贵重、小巧、可动、有用、沉重、移动、弹性、圆形、有价值、短小、耐久。在圆盘中心安装一根能灵活转动的指针。让一个人去转动指针，当指针停下来时，指针指着某一种特性，转动指针的人要列举出有这种特性的事物，说得越多越好。在训练一段时间后，可以增加难度，将指针连转两次，列举出同时具有两种特性的事物。例如，第一次转动指针指向"4，可动"，第二次指向"9，圆形"，就可举出车轮、轴承、齿轮、雪球、飞碟玩具等同时具有这两种特性的事物。

第三节　创新的类型与模式

一、创新的类型

大多数创业者明白有效的创新需要大量的经验积累，如福特的 T 型汽车、戴尔的直销模式、丰田的精益制造及吉列的抛弃型剃刀等。它们卓越和新颖的创新法则，让我们以一个全新的视角去认识如何构建创新文化、如何建立创新流程，以及如何推动创新思维落地和成果产出。这对迫切追求创新、亟须改善创业思维的创业者来说，不管是在思维层面还是在执行落实层面，都具有深刻的指导意义。市场上所看到的林林总总、层出不穷的新服务、新模式、新产品，其实归根结底只有有限的三个类型。掌握以下几种创新类型的区分，能让人更加深刻地理解创新的本质，从而在面对创新业务的时候游刃有余。

（一）创新的基本类型

1. 产品创新

产品创新是指站在客户的角度发现客户的潜在需求，创造新的产品；或者发现老产品的问题，研究客户的投诉和真正痛点，从而进行产品创新。产品创新的风险比过程创新、商业

模式创新的风险都要小一些。产品创新是针对企业的产品技术研发活动而言的，它是指技术上有变化的产品的商品化。按照技术变化量的大小，产品创新可以分为重大的产品创新和渐进的产品创新。产品用途及其技术原理有显著变化的可以称为重大的产品创新。渐进的产品创新是指产品的技术原理没有发生重大变化，只是由于市场的需要，对现有的产品在功能上进行了扩展或在技术上进行了改进。

美国网景公司的创始人之一马克·安得森改变了互联网的历史。大学毕业后，他没找到好工作，于是和几个志同道合的朋友一起编写互联网浏览软件，开发出了 Mosaic 浏览器。1994 年，他与硅谷风险投资家吉姆·克拉克联手创立了 Mosaic 通讯公司（网景公司的前身），克拉克投资了 400 万美元，把安得森和他的伙伴们都拉到了硅谷，集中全力开发网络浏览器。不到两个月，安得森和他的伙伴们就成功地开发出了 Mosaic 的新版本，并把它命名为"Navigator"（领航员），随后新浏览器的销售在互联网上突飞猛进，一下就占据了 80% 的份额。

1995 年，网景公司成立还不到一年半，从未盈利过的网景公司在纽约上市，这家创始资金只有 400 万美元的小公司一夜之间成为拥有 20 亿美元资产的"巨人"。年仅 25 岁的安得森也仿佛神话般地从一文不名到成为拥有 5800 万美元的"互联网富翁"。1997 年，美国《旗帜》周刊把安得森称为"无限制资本家"，预言"技术马克思主义"已经到来。身为网景公司董事长的克拉克在公司上市的第二天身价就达到了 5.65 亿美元。这位出身斯坦福大学的电子工程教授正是敏锐地感觉到了互联网的强大潜力，并发现了安德森这样一位优秀年轻人的价值，才会有这样的成就。

2. 过程创新

过程创新又称工艺创新，是指把一种新的生产方式和流程引入生产体系，它包括新工艺、新装备，以及新的生产管理方式和流程的应用。按照影响程度的不同，过程创新可以分为重大的过程创新和渐进的过程创新。企业过程创新是指企业通过研究和运用新的生产技术、操作程序、方式方法和规则体系等，提高企业生产技术水平、产品质量和生产效率的活动。企业过程创新的过程大体上可分为工艺研发和工艺创新由研发环节转移或导入制造环节两个阶段。

2007 年，阿里巴巴想做一个项目，叫阿里软件。当时想得很好：让中小型企业一天付一块钱，就可以用上企业软件。那时候，阿里巴巴已经拥有几十万家付费的中小型企业，也有非常优秀的技术团队，因此做成这件事看似水到渠成。当时阿里巴巴投资了 2 亿元人民币，做了两年，结果却失败了。后来阿里巴巴又想做一个项目，叫阿里妈妈。今天淘宝收入的近 70% 与阿里妈妈有关。

3. 商业模式创新

所谓商业模式创新，是指对目前行业内通用的为客户创造价值的方式提出挑战，力求满足客户不断变化的需求，为客户提供更多的价值，为企业开拓新的市场，吸引新的客户群，改变企业价值创造的基本逻辑以提升客户价值和企业竞争力的活动。其既可能包括多个商业模式构成要素的变化，又可能包括要素间关系或动力机制的变化。商业模式创新是企业价值创造基本逻辑的变化，即把新的商业模式引入社会生产体系，并为客户和自身创造价值，通俗地说，商业模式创新是指企业以新的有效方式赚钱。新引入的商业模式既可能在构成要素方面不同于已有商业模式，又可能在要素间关系或动力机制方面不同于已有商业模式。简单来说，商业模式的创新在于客户、产品、途径、盈利的差异化。

（二）创新的层次类型

1. 渐进性创新

渐进性创新是指通过不断的、渐进的、连续的小创新，最终实现管理创新的目的。例如，针对现有产品的元件做细微的改变，强化并补充现有产品的功能，至于产品架构及元件的连接则不做改变。

2. 根本性创新

根本性创新是指企业首次向市场引入能对经济产生重大影响的创新产品或工艺。根本性产品创新包括全新的产品和采用与原产品技术根本不同的技术制造的产品；根本性工艺创新是指以全新的方式生产产品和提供服务。根本性创新与科学上的重大发现相联系，创新过程往往要经历很长时间，并经过其他各种不同程度创新的不断充实和完善，同时它也会引发大量的其他创新。根本性创新不仅能以某种方式使某一旧产业重新成长，充满活力，还能以类似的方式创造新的产业，从而对经济产生较大的溢出效应。

3. 自主性创新

这类创新将产生具有深远意义的变革，通常是出现技术上有关联的创新群。自主性创新是通过拥有自主知识产权的独特核心技术提升企业的核心竞争力，使企业以独特的技术、产品、服务来占据市场并实现市场价值的一种创新活动。其主要有以下特征：拥有自主核心技术和产品（包括知识产权）；有长远的战略目标；能够通过各种网络及中介关系实现资源和知识的广泛流动；有发展完善的资本市场（尤其是风险资金）为创新技术发展提供支持；市场发育程度较高；用户对产品技术和质量有严格要求，能够对企业技术活动施加重要影响；

与技术和创新发展有关的各类规则、标准和制度完备，并相互协调；能有效推动企业创新和技术进步；国民对本国技术及产品有较高的信任感。

二、创新的模式

（一）原始创新模式

原始创新的技术创新源在创新主体系统（如研究机构、高校和企业）的内部，这是一种源于自主研发的技术创新。它孕育着科学技术的重大发展和飞跃，是科技创新能力的重要基础和科技竞争力的源泉。原始创新模式是指创新主体以自身的研究开发为基础，通过实现科技成果的商品化，进而获取商业利益的创新活动。它具有率先性，通常率先者只有一家，其他都只是跟随者。由原始创新产生的核心技术来源于创新主体系统内部的技术积累和突破（如美国英特尔公司的计算机微处理器和我国北大方正的中文电子出版系统），这是它区别于其他创新模式的本质特征。此外，在原始创新模式中，技术创新的后续过程也都是通过创新主体自身知识与能力的支持实现的。

原始创新模式具有很大的优势：有利于创新主体在一定时期内掌握和控制某项产品或工艺的核心技术，在一定程度上左右行业的发展，从而赢得竞争优势；一些技术领域的原始创新往往能推动一系列的技术创新，带动一批新产品的诞生，推动新兴产业的发展；有利于创新主体先于竞争对手积累起生产和管理经验，获得产品成本和质量控制方面的经验；原始创新产品初期处于完全独占性垄断地位，有利于创新主体较早建立原料供应网络和牢固的销售渠道，获得超额利润。

（二）模仿创新模式

模仿创新的技术创新源在创新主体系统的外部，这是一种源于引进技术的自主创新。在国内各类企业中，此类模式的应用已相当广泛。模仿创新不是那种重复性的简单仿制，而是引进技术基础上的消化吸收、二次开发和再创新，如性能优化、产品换代和工艺创新等。这种模式具有技术上的跟随性、产品上的差异化等特点，以及市场适应性强、研发周期短、开发成本低、成功率高等优点。但同时，模仿创新模式也具有明显的缺点：在技术上具有较大的被动性、缺乏超前性。当新的原始创新高潮到来时，应用模仿创新模式的企业往往处于从属地位和不利的境地，如日本企业在信息技术革命中就处于从属地位，还可能受到率先创新者技术壁垒、市场壁垒的制约，有时还面临法律、制度方面的障碍等。

（三）合作创新模式

要理解什么是合作创新模式，想想瑞士军刀就明白了。当我们给一台拖拉机装上一门大炮的时候，我们就得到了一辆坦克；当我们给手机装上摄像头的时候，我们就有了"扫一扫"的可能性；当我们给眼镜装上小电脑，它就成了 Google Glass；当我们给牙刷装上发动机，它就成了电动牙刷。合作创新同样是一种常见的创新模式，它依赖的不是技术进步，而是对于新需求的敏锐洞察。

合作创新既包括具有战略意图的长期合作（如战略技术联盟、网络组织），又包括针对特定项目的短期合作（如研究开发契约和许可证协议）。近年来，合作创新已经成为国际上一种重要的技术创新模式，由于不同企业合作创新的动机不同，合作的组织模式也多种多样。狭义的合作创新是企业、大学、研究机构为了共同的研发目标而投入各自的优势资源所形成的合作，一般特指以合作研究开发为主的基于创新的技术合作，即技术创新。

（四）破坏式创新模式

破坏式创新亦称破坏性创新，是一种与主流市场发展趋势背道而驰的创新活动，它的破坏威力极为强大，一般企业都难以应对这类创新带来的挑战。因此，以现有企业的心态与利益机制，确实很难突破这种破坏式创新所造成的困境，企业需要以体制外另起炉灶的方式来推动这种创新。破坏式创新是 1997 年美国哈佛大学商学院创新理论大师克莱顿·克里斯坦森教授在其《创新者的窘境》一书中提出的。可能很多人都听到过这样一句话："不要和傻瓜理论，因为他会把你拉到和他一样的水平线上，然后用他丰富的经验打败你。"破坏式创新就是这样一种创新，行业的新进入者相对于行业领先者，唯一的优势就是它没有什么东西好失去，所以它就可以制定新的、带有破坏性的行业规则，然后把对方拉到和它一样的水平线上，再用它的经验打败对方。淘宝和易趣网就是这样的，易趣网向商家收取上架费，交易也要收佣金，而淘宝作为后来者直接打出免费牌，一下子就把商家给吸引过去了，这就是典型的破坏式创新。

第四节 创新意识与创新能力

开展创新活动，需要具有创新意识与创新能力。创新意识的培养和开发是创新型人才培养的起点，创新能力的培养是创新型人才培养的关键。作为大学生，应该如何正确认识创新意识与创新能力呢？

一、创新意识

创新意识引导着创新行为，具有较强的能动性，是创新型人才所必须具备的条件之一。创新意识是指人们对创新及其价值性、重要性的一种认识水平和认识程度，以及用于调整和规范自己活动方向的一种稳定的心理状态。一般来说，创新意识代表着一定社会主体奋斗的目标和价值指向性，是主体产生稳定持久的创新需要、价值追求的推动力量，是唤醒、激励和发挥主体潜力的重要因素。

创新意识包括创新动机、创新兴趣、创新情感、创新信念和意志等。其中，创新动机是创新活动的动力因素，是激励人们发动和维持创新的精神力量；创新兴趣是促使人们积极探求新奇事物的一种积极的心理倾向，有利于促进创新活动的顺利展开；创新情感是引起、推进以至完成创新活动的心理情感因素，只有积极、正向的创新情感才能促进创新活动取得成功；创新信念和意志是指创新过程中鼓励人们克服困难、冲破阻碍的心理因素，创新信念和意志具有目的性、顽强性和自制性等特征。

创新意识是决定一个国家、民族创新能力最直接的精神力量。创新是一个民族进步的灵魂，是一个国家兴旺发达的不竭动力。2010 年颁布的《国家中长期教育改革和发展规划纲要（2010—2020 年）》指出，职业教育面临的问题是学生适应社会和就业创业能力不强，创新型、实用型、复合型人才紧缺。2012 年，《教育部、财政部关于实施高等学校创新能力提升计划的意见》（教技〔2012〕6 号）文件指出，要促进教育与科技、经济、文化事业的融合发展，提高国家整体创新能力和竞争实力。2015 年，国务院办公厅印发的《关于深化高等学校创新创业教育改革的实施意见》，为高校开展"双创"教育指明了方向，明确了发展目标。2016 年 5 月，中共中央、国务院印发的《国家创新驱动发展战略纲要》进一步指出，党的十八大提出实施创新驱动发展战略，强调科技创新是提高社会生产力和综合国力的战略支撑，必须将其摆在国家发展全局的核心位置。2021 年 10 月，国务院办公厅印发《关于进一步支持大学生创新创业的指导意见》，指出优化大学生创新创业环境，加强大学生创新创业服务平台建设，推动落实大学生创新创业财税扶持政策，加强对大学生创新创业的金融政策支持等一系列综合措施。2022 年 8 月，科技部、财政部印发《企业技术创新能力提升行动方案（2022—2023 年）》，指出要引导支持各类企业将科技创新作为核心竞争力，为实现高水平科技自立自强、促进经济稳定增长和高质量发展提供有力支撑。2023 年 2 月，国务院新闻办公室就"深入实施创新驱动发展战略 加快建设科技强国"举行发布会，会上强调：科技创新在党和国家事业全局中的地位提升前所未有，作用发挥前所未有，科技赋能成为高质量发展的显著标志，科技创新成为引领现代化建设的重要动力。2024 年 2 月，工业和信息化部等七部门印发《关于推动未来产业创新发展的实施意见》，指出提升创新能力，推动跨领域技术交叉融合创新，加快颠覆性技术突破，打造原创技术策源地，举办未来产业创新创业大赛，激发各界创新动能。

提高和发展创新意识有利于推动社会的全面进步。创新意识根源于社会生产方式，并反作用于社会生产方式。创新推动着人类社会生产力的持续发展，因此创新教育被世界各国高度重视。创新教育，就其内涵来讲，就是培养人的创造性，使其能够从事一定职业、适应社会生活的教育。创新意识的发展，必然会推动人们思想的解放，有利于人们形成开拓意识，有利于促进社会生产方式的发展进步。

提高和发展创新意识，能够有效激发人的主体性、能动性、创造性，有利于促进人才素质发生结构性变化，提升人才质量，使人自身的内涵获得极大的丰富和发展。现代社会的发展需要充满生机和活力的人、具有开拓精神的人、拥有创新思想和现代科学文化素质的人。

二、创新能力

创新的过程是一项复杂的社会实践活动。具备较强的创新能力是创新取得成功的重要条件和保障。

（一）创新能力概述

关于创新能力，有以下三种观点。第一种观点认为，创新能力是个体运用一切已知信息，包括已有的知识和经验等，产生某种独特、新颖、有社会或个人价值的产品的能力。它包括创新意识、创新思维和创新技能三部分，核心是创新思维。第二种观点认为，创新能力表现为相互关联的两部分：一部分是对已有知识的获取、改组和运用；另一部分是对新思想、新技术、新产品的研究与发明。第三种观点从创新能力应具备的知识着手，认为创新能力应具备的知识包括基础知识、专业知识、工具性知识或方法论知识及综合性知识四类。综上所述，所谓创新能力，是指为了达到某一目标，综合运用所掌握的知识，通过分析解决问题，获得新颖、独创的，具有社会价值的精神和物质财富的能力。创新能力从来不是孤立地存在于个体的心理活动中的，而是与个体的人格特征紧密相连的。

（二）创新能力的构成

创新能力由多方面内容构成，主要包括学习能力、观察能力、思维能力、想象能力、分析能力、批判能力、解决问题的能力、实践能力、组织能力，以及整合多种因素的能力等。下面重点介绍学习能力和观察能力。

1. 学习能力

创新者通过学习，可以有效提升个人能力。实践证明，一名真正的创新者长久的创新优势就在于其具备较强的学习能力。一个人只有通过不断学习，才可以使自己的知识融会贯通，始终以先进的知识结构面对发展变化的客观事物。

2. 观察能力

观察能力，简称观察力。人的观察能力并不是与生俱来的，而是在学习过程中培养、在实践活动中锻炼出来的。为了有效地进行观察，提高观察能力，就要掌握良好的观察方法，并制定明确的观察步骤。

常用的观察方法主要包括以下八种：一是自然观察法，就是对处于自然状态下的事物进行观察；二是实验观察法，就是通过做实验的方式进行观察；三是长期观察法，顾名思义，就是长期对事物进行观察；四是全面观察法，就是对某一事物的各个方面都进行观察，求得对该事物的全面了解；五是定期观察法，就是在某一特定时间内对某一事物或现象进行观察；六是重点观察法，就是按照某种特殊目的和要求对事物的某一方面或几个方面进行重点观察；七是直接观察法，这是一种观察者深入实际，通过直接观察取得第一手资料或直接经验的方法；八是对比观察法，就是把两个及以上的事物对比进行观察。

观察步骤具体如下。

（1）确定观察目的。对一个事物进行观察时，要明确观察什么、怎样观察、达到什么目的，做到有的放矢。目的性是观察能力最显著的特点，只有带着目的的观察才是有效的观察，才能尽快提高自己的观察能力。

（2）制订观察计划。在观察前，对观察的内容做出安排，制订周密的计划。在观察前就要打算好先观察什么，后观察什么，按部就班地进行。

（3）培养浓厚的观察兴趣。每个人由于观察敏锐性的差异，在同一事物的观察上会出现不同的兴趣，注意到事物的不同特点。因此，培养浓厚的观察兴趣是培养观察能力的重要前提条件。

（4）观察现象，探寻本质。观察能力是思维的触角，要善于把观察的任务具体化，善于从现象乃至隐蔽的细节中探寻事物的本质。

第二章 创新流程

【素养目标】本章旨在让学生了解创新流程及具体实施步骤，从而帮助学生更加系统地开展创新活动，提高创新创业成功的概率。

掌握创新流程能帮助大学生系统地开展创新活动，包括收集信息，了解用户想法；挖掘用户需求，重新定义问题；打破思维局限，提出解决方案；积极行动，将想法落地；测试与反馈，迭代完成等环节。通过规范的流程，大学生可以避免盲目尝试，提高创新成功的概率。

第一节　收集信息，了解用户想法

创新工厂

张松江是新理念保洁服务有限公司的总经理，公司注册商标为"小管家"。在张松江看来，他的"小管家"从开始就背离了传统家政，以了解客户需求、抓住市场机遇为主。在极短的时间内，"离经叛道"使"小管家"由穷困潦倒转而获取巨额利润。

"小管家"创业出师不利。张松江毕业于北京某大学，择业时因找不到理想的工作便与其他三个朋友商量，决定一起创业。他在报纸上看到一个美国品牌的保洁公司招加盟商的广告，便和朋友一同加盟了，但经营得很不好。碰壁次数多了，张松江渐渐明白了保洁行业到底是怎么一回事。失望的张松江被报纸上的一则广告吸引了——SOHO现代城推出了可移动墙壁的房屋。可移动的墙壁——"所有开发商都把墙壁做成死的，他们却做成活的，他们的生意不就'活'了吗？别人的生意这样，我呢？"要想有利润就得有别人没有的东西，就得把大家都认为不能改变的东西改变了。思维的闸门一旦打开，张松江再也抑制不住自己。他想到了由户外保洁转向户内保洁。虽然户内保洁也有人做，但是太没有特点了。像SOHO现代城这样的高档社区，肯定需要更高档次的服务。麦当劳、肯德基开遍全球，凭的不就是严

格的操作规程与标准吗？对于保洁来说，应该对卧室、卫生间、厨房等不同性质的屋内区域进行分类，然后确定不同的服务标准。他把自己的想法、计划都写在了纸上，又用了十几天的时间，进一步完善方案。然后，他鼓起勇气去找SOHO现代城物业公司的经理。那位年近50岁，有着丰富经验的物业经理被眼前的年轻人打动了。他说："每天来这里要求做我们物业保洁业务的人很多，但是没有一个人能够提出你这样的想法。这里的活儿，我交给你了。"

功夫不负有心人，通过与员工对一间间房屋、一个个细节部分的实践、记录与推敲，张松江总结出了自己的一套针对不同房间的工作程序和工作标准，在技术上也取得了飞跃。以地板打蜡为例，他将擦玻璃的方法移植到了地板上，且在工具、使用方法上做了重大改进。他们给地板打蜡比传统打蜡法多花一倍的时间，但是擦出来的效果让人感觉比传统打蜡法的效果高出几个档次。就这样，张松江第一个月就赚到了3万元，打开了局面。靠着自己的坚毅和勤奋，他一步步地接近了自己的目标，实现了飞跃。

张松江的创业很有典型性，首先他学历普通，在就业市场上的竞争力不高；然后他选择了开加盟店这种看似风险比较低、门槛也比较低的创业方式，但是失败了，这虽然与加盟公司有一定关系，但是很大一部分原因是自身在涉足保洁行业时没有做详细的规划与分析；最后张松江打开了自己的思路，选择市场上的空白点，将目标客户定位为高档社区，果断跟进，将自己的业务做活。

一、需要与需求

需要是一个心理学名词，是指当缺乏或期待某种结果时而产生的心理状态，它是人们自身和外部生活条件的要求在头脑中的反映，是人们与生俱来的基本要求。需求是一个经济学名词，是指在一定的时间内和一定的价格水平下，消费者对某种商品或服务愿意并且能够购买的数量。两个要素缺一不可：购买意愿和支付能力。美国社会心理学家亚伯拉罕·马斯洛认为人类需求的强度并不都是一样的，1943年马斯洛在他的《人类激励理论》一书中将人的需求由低到高划分为五个层级，如图2-1所示。

需求分为潜在需求和显性需求。潜在需求是指消费者虽然有明确意识的欲望，但由于种种原因还没有明确显示出来的需求。一旦条件成熟，潜在需求就会转化为显性需求，进而引发消费者的购买行为。潜在需求十分重要，从创新的角度来说，第一步就是发现和挖掘出目标群体的潜在需求，从而设置好创新的目标。

要善于发现人们的需求，发现理想与现实的差距，或者观察别人司空见惯却没有留意的现象。勤于思考是拥有连续的创新思维的必要前提。每一次创新性的思考和灵感，都不是偶然的，而是一段时间持续思考的必然结果。习惯性思维是人们思维方式的一种惯性，墨守成规，大大阻碍了新事物的产生和发展。我们应该跳出习惯性思维的定势，给自己的思维"松绑"。我们要敢于批判别人甚至权威的思想，并提出自己的思考，虽然可能毫无逻辑或毫无实践意义，但是绝不能因此就放弃思考。面对一个问题或现象，我们要善于联想和想象。如果受阻，我们要灵活地转换思路，不要拘泥于一种思考模式。

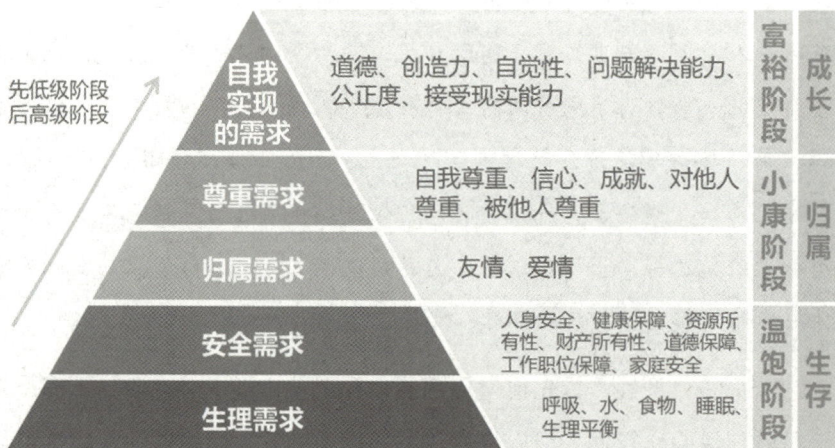

图 2-1　马斯洛需求层次理论

二、创新者具有的心态

（一）对世界无限的好奇心

18 世纪，英国著名的化学家兼物理学家道尔顿，购买了一双"棕灰色"的袜子送给妈妈。妈妈看到袜子后，感到袜子的颜色过于鲜艳，就对道尔顿说："你买的这双樱桃红色的袜子这么鲜艳，让我怎么穿呢？"道尔顿感到非常奇怪，袜子明明是棕灰色的，为什么妈妈说是樱桃红色的呢？疑惑不解的道尔顿又去问弟弟和周围的人，除弟弟与自己的看法相同以外，被问的其他人都说袜子是樱桃红色的。道尔顿没有轻易地放过这件小事，他经过认真地分析和比较，发现他和弟弟的色觉与别人不同，原来自己和弟弟是色盲。道尔顿虽然不是生物学家和医学家，却成了第一个发现色盲症的人，也是第一个被发现的色盲症患者。为此他写了篇论文《论色盲》，成为世界上第一位提出色盲问题的人。后来，人们为了纪念他，又把色盲症称为道尔顿症。

创新的机会无处不在，创新者需要有一双发现创新契机的眼睛，并且有意识地、主动地去选择创新。

（二）持续不断的乐观精神

想象是一种心理活动，人的情绪和态度与想象密切相关，情绪可以激发想象，态度可以调节想象。积极乐观的情绪容易使人想象那些充满希望、令人兴奋的情景；而消极悲观的情绪则常常使人想象那些可怕、令人失望的情景。人只有在饱满而热烈的激情下，才能高度发挥想象力。因此，创新者应以饱满的热情和积极的态度投身于创新活动的实践中。

（三）积极面对失败的心态

创新者通常能够接受失败，并把失败视为一次学习的机会，而不是终点。他们知道失败是成功的一部分，并能从失败中恢复过来，以积极的心态面对失败，继续寻找新的机会。

三、思维模式和获取信息的方法

（一）以人为本的思维模式

以人为本的思维模式：以用户（商业服务或产品的采购者、最终的消费者、代理人或供应链内的中间人）为中心（用户使用产品或服务的日常行为、习惯、情感、态度及遇到的问题进行观察和探索），将定性研究（感受、经验、情感等）和定量研究（数据分析、逻辑推理等）相结合，如图 2-2 所示。

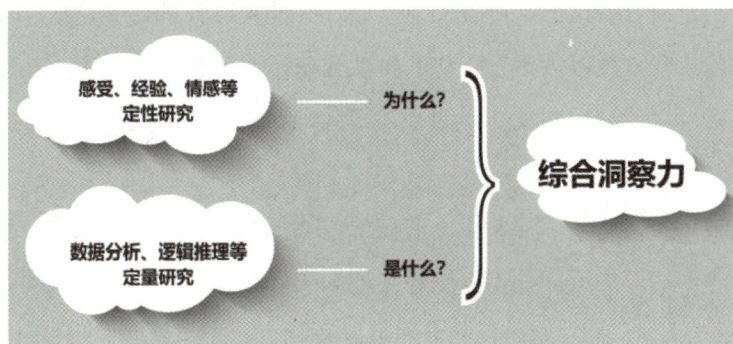

图 2-2　以人为本的思维模式

（二）获取信息的三种方法

1. 访谈：倾听用户的声音

一场高质量的访谈能够获得需要的重要信息。这个过程是对沟通、交流能力的综合性、高强度、高密度的训练。访谈要像聊天一样，让人放松、愿意倾诉，但又不是聊天，也不是简单的问答，访谈是带着目的进行的、有互动的交流，访谈者把握着主动权和谈话的节奏。

真正有效的访谈需要满足三个条件：提对问题（将需求转化为问题）、正确沟通（通过访谈技巧有效获取用户信息）、深度理解（理解和挖掘用户行为背后的动机和感受）而这分别对应了访谈前、访谈中和访谈后三个阶段。访谈的前期准备做好了，访谈的大方向才不会跑偏。用户访谈流程如图2-3所示。

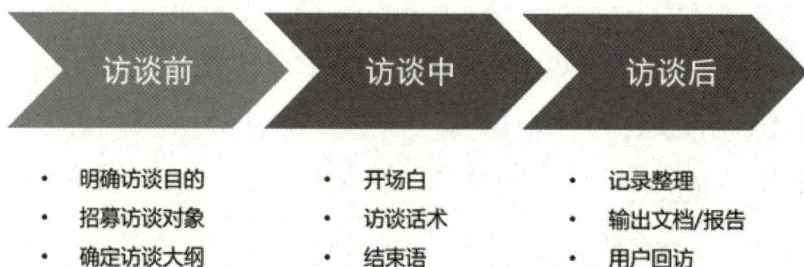

访谈前	访谈中	访谈后
• 明确访谈目的	• 开场白	• 记录整理
• 招募访谈对象	• 访谈话术	• 输出文档/报告
• 确定访谈大纲	• 结束语	• 用户回访

图2-3 用户访谈流程

访谈的注意事项：全方位观察，受访者的状态、语气、神态、动作等都包含着重要的信息；不要预设答案，在进行访谈时不要预设答案，不要对受访者产生影响和引导；真实原样记录，直接将受访者的原话记录下来，不要记录经过自己理解的语言；拍摄记录，在征得对方的同意后，将访谈现场的场景和环境拍照记录下来，这些照片将帮助你回忆访谈时的环境和一些细节。

2. 观察：洞察用户的行为

在访谈时，由于语言表达的准确性和对问题理解的主观性的影响，或者由于环境、访谈双方的熟悉程度与信任程度等因素，受访者可能无法准确清晰地说出或无法完全真实表达出一些信息，访谈者可以通过观察受访者的行为特征来获取和判断这些信息，并根据相关信息来设计针对问题的创新解决方案。

观察和记录用户使用产品或体验服务的过程，特别是那些经常做出不合理的或其他用户不会做的行为的人，通过他们的行为去判断他们真正想要什么。此外，在观察时，如果仅仅将注意力集中在多数用户身上，很可能只是对已知事物进行了确认，并不会带来新发现。因此，为了打破常规并获取全新的信息，还需要关注那些少数"极端"用户，如网约车用户中的孩子和老人，他们遇到的问题因为占比较小而往往被忽略，但并不能说这些问题不重要。

3. 换位思考：感受用户的心理

换位思考是一种心理习惯，能使我们不再只将他人看作实验对象。我们可以换位思考，通过他人的眼睛来看世界，通过他人的经历来理解世界，通过他人的情绪来感知世界。进行换位思考最直接、最有效的方式就是把自己变成对方，扮演一次用户，亲身使用产品或体验

服务。

在作为用户使用产品或体验服务的过程中，注意观察自己遇到了什么问题，这些问题是如何产生和被处理的，以及在这个过程中自己的感受如何。试着梳理出过程中的每个步骤，然后绘制出自己情绪起伏或满意度的曲线图。

四、课外训练

设计一种形态悦人的家具，可将其拟人化。一事物为人体各部位的形状，各个子因素如下：①手的形状；②嘴的形状；③耳朵的形状；④头的形状。另一事物为家具，子因素如下：①床；②椅子；③花盆架；④桌子。用图的形式将两事物的所有子因素列出，然后进行组合。例如，将一事物中的①与另一事物中的①、②、③依次组合，可得出手形的床、手形的椅子、手形的花盆架等，再将一事物中的②与另一事物中的①、②、③组合，以此类推，便可产生大量新设想。请写出你的创新方案，并说明具体创新过程。

第二节　挖掘用户需求，重新定义问题

一、识别真实需求的关键点

要想识别真实的需求，做出有价值的创新，重新定义问题、建立同理心、识别伪需求是关键。

（一）重新定义问题

重新定义问题是指在创新性地解决问题时，转换常用的思维模式，从而摆脱困境。创新的过程是一个始终由问题引导的过程，问题的定义决定了目标的设置，因此它自然也就成了创新的关键。在重新定义问题的过程中，可以退一步思考、换一个角度，重新审视人们的需求、面临的约束，并进行同类产品或服务的对比，开启全新的解析空间。

人们遇到问题的时候，总是习惯立刻去找解决问题的方法。而如果能够先从更多的角度来剖析一个问题，甚至重新定义这个问题，可能会找到更好的、具有创新价值的解决方案。重新定义问题让人们抛弃现有的惯性思维，来到一个寻找创新性解决方案的新起点。如果你是一家写字楼的业主，租户投诉说电梯运行太慢，每天要等很久，你要怎么解决这个问题？可能大部分人会说，换一部电梯，或者把现有的电梯速度变快。如果重新定义这个问题，有没有其他的解决方案？转换一下角度，这个问题还可以被定义为电梯的等待时间太长，让租户不耐烦。这样，有针对性的解决方案可能是，在电梯旁边摆一面镜子，或者播放音乐和视频，分散租户的注意力。这就是对原来问题的不同定义，虽然没有让电梯更快，但是顺利减少了租户的投诉。

当遇到问题时，如果只看到了表面的浅层次问题，就无法指望能够解决深层次难题。即使是在急于得到答案时，重新定义问题所花费的时间也是值得的，因为它不仅可以引出更多的解决方案，还有助于解决更有价值的问题。当把精力集中到更有价值的问题上时，就更有可能取得具有突破性的创新成果。

（二）建立同理心

1. 同理心

同理心不是同情心，它是指站在对方的角度上，理解对方的感受和情绪，并把这种理解传达给对方的一种沟通交流方式。同理心是个心理学概念。它是指一个人要想真正了解别人，就要学会站在对方的角度来看问题，也就是人们在日常生活中经常提到的设身处地、将心比心的做法。心理学家发现，无论在人际交往中发现什么问题，只要你坚持设身处地、将心比心，尽量了解并重视他人的想法，就比较容易找到解决问题的方法。尤其是在发生冲突和误会时，当事人如果能够把自己放在对方的处境中想一想，也许就可以了解对方的立场和初衷，进而求同存异、消除误会。其实，同理心并不是什么新的想法，早在两千多年前，孔子就说过"己所不欲，勿施于人"。这就是同理心所说的"推己及人"：一方面，自己不喜欢或不愿意接受的东西不要强加给别人；另一方面，应该根据自己的喜好推及他人喜好的东西或愿意接受的待遇，并尽量与他人分享这些东西和待遇。

2. 以人为本的设计

设计的最终目的并非产品，而是为了满足人的需求，即设计是为人的设计。随着社会的发展，以人为本不仅是一种价值观念，还是现代设计中的一种思维方式，要求设计者在设计时更加考虑人的因素，始终以人作为设计的出发点和目标使用者，尊重人的使用习惯及生活习性。

以人为本的设计可以带来突破性创新，只要你在启动解决问题的创意程序时怀有对目标受众的同理心，创新之门就会向你敞开。

（三）识别伪需求

1. 什么是伪需求

伪需求也是用户的需求，只是当前不足以支撑一个商业模式。需求的真伪取决于人群，某些人的伪需求可能是另一群人的真需求；也取决于时间点，彼时的伪需求也可能进化成未来的真需求。以大家熟悉的打车 App 为例，它在一二线城市是真需求，在四五线城市就可能是伪需求；在三年前是伪需求，在现在就是真需求。

2. 伪需求的影响

伪需求会影响成交。毫无疑问，伪需求阻碍了销售人员识别客户的真实需求，由于销售人员错误识别了客户需求，可能会影响其提交给客户的解决方案。而其依据伪需求提交的解决方案一般不会让客户满意，进而影响成交。

伪需求会浪费企业资源。销售人员在识别伪需求后，觉得可能会成交，会投入一定的企业资源，这些资源不仅包括各部门员工的时间，还可能涉及企业资金的投入等。

伪需求可能会影响销售预测。错误识别客户需求不仅会让销售人员提供错误的解决方案，还会影响销售人员对销售结果的预测，进而对销售人员的心态造成一定的影响。

二、挖掘用户需求的工具

（一）用户要点聚焦表

用户要点聚焦表由四个部分组成：用户画像、用户故事、需求发现、洞察发掘。创新团队需要在深入调研过的许多用户中选择一到两个有代表性的用户进行着重分析（这一到两个有代表性的用户也可以是融合了多个用户共同特征的虚拟角色），然后列出访谈中听到的"特别"的故事，以及那些让人出乎意料或觉得很有意思的用户经历，从这些故事和经历中提炼出需求及其背后的信息。

用户要点聚焦表可以帮助创新团队通过架构问题和聚焦目标找到创新的方向，避免被无效信息干扰。清晰的用户要点聚焦表可以明确地为创新团队指明创意的范围，并在之后的头脑风暴阶段帮助辨别创意点子是否跑题。

用户要点聚焦表如表 2-1 所示，具体步骤如下。

第一步：用户画像。列出典型用户的年龄、性别、文化程度、职业等特征描述，并给用户起一个名字。如果可以，尽量采用可视化的表达方式，用简笔画的形式画出用户画像，不一定要画得多精美，重要的是训练自己的图画表达能力。

第二步：用户故事。故事能把事物联系起来，把零碎的信息有序地组织起来，有效反映用户的情绪和情感，让团队成员产生共鸣和同理心。记录故事时要注意记录用户在使用产品或体验服务过程中的正面反馈（兴奋点）和负面反馈（痛点），或者用户多次提及的事情。

第三步：需求发现。需求反映了用户的目标和期望，可以在访谈记录的信息里寻找动词或动宾词组形式的表述，这些表述常常反映了用户具体或抽象的需求。

第四步：洞察发掘。创新团队通过用户故事，在用户与场景、情境之间建立联系，针对用户的特定行为和需求，寻找潜藏在背后的原因。

表 2-1 用户要点聚焦表

用户画像	用户故事	需求发现	洞察发掘

（二）三维度匹配表

三维度匹配表是在分析一件事情或一个情境时，用于从用户的关键行动、用户期待、现实情况三个维度之间的匹配程度来洞察用户在行动中的需求，以及发现产品或服务提供的价值与用户需求之间的错位的一个工具。这个"错位"的部分中蕴藏着创新的机会。

三维度匹配表（见表 2-2）的使用方法如下。

第一步：确定一个要进行用户分析的具体事情或情境。

第二步：对应三个维度，在匹配表模板上分别写出用户的几个关键行动，以及每个关键行动的用户期待与现实情况。

第三步：将用户对现实情况的反映填在对应的"用户评价"一行，可以用表情符号来表示用户满意、不满意、感觉一般等情绪。

第四步：在表格最底部，用"√"选出那些你认为可以通过更好的解决方案进行改善的关键行动。

表 2-2 三维度匹配表

关键行动	关键行动 1	关键行动 2	关键行动 3	……
用户期待				
现实情况				
用户评价				
可否改善				

（三）内外因分析法

该方法有助于快速定义问题。除了从"某人为什么会这样做"的角度来分析和挖掘用户需求，还可以从相反的角度，即"为什么某人不做某事"的角度来探求背后的原因。图2-4清晰地展示了对某一用户行为进行内外因分析的三个步骤：第一步，描述你观察到或你想要分析的某一用户"不做某事"的行为；第二步，结合用户调研的数据和信息，从"不知道（事实/认知）""不愿意（态度/情感）""不能够（能力）"3个维度将有关用户行为的信息进行梳理、分解；第三步，分别挖掘每个维度背后的内因和外因，并找出问题的关键点。

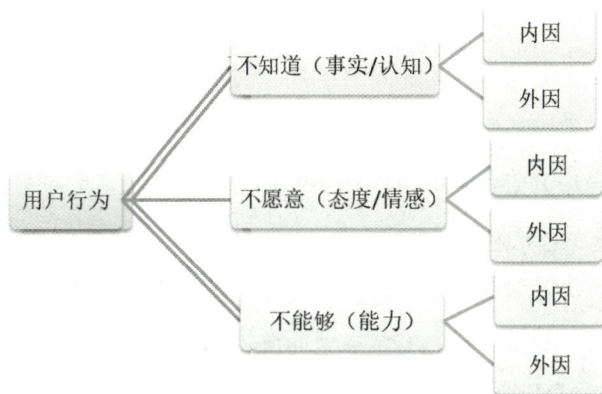

图2-4 用户行为内外因分析法

三、重新定义创新挑战

（一）建立创意生态圈

创意生态圈的创意产业集聚和生态位多样性为多方主体参与价值共创提供了契机。在创意生态环境下，多方主体通过共建平台，增强资源互动，形成网络效应，进而加强彼此间的资源依赖。

创意产业是近年来广受关注的领域，在促进经济增长、创造就业机会、提高文化软实力等方面起到了重要作用。随着科技与经济的迅速发展，创意产业也在不断变革和创新，形成了以设计、媒体、IT等为核心的创意生态圈。

（二）运用灵感清单

怎样用清单式思考实现梦想？灵感从来都不是等出来的，它依靠的是我们对奇思妙想的整理和对未来的期待。每个人都需要建立正面清单和负面清单，因为它决定了你的目标和应该努力的方向。全联福利中心的总裁、统一超商 7-11 的总经理徐重仁被称为中国台湾的"流通业教父"，他让星巴克咖啡遍布中国台湾的大街小巷。作为一名繁忙的企业家，帮助他完成工作的不是秘书和助理，而是一个笔记本和一张便笺纸。他说："星巴克能引进台湾，起初就是源于我在便笺纸上的一个想法，后来能够梦想成真，是我对它继续深思熟虑的结果。"

用清单来记录灵感、补充想法，有助于释放我们大脑的压力，弥补记忆的不足，腾出精力去做其他更重要的工作。

（三）评估创新挑战议题

创新挑战源于创新和挑战两个关键词的结合。创新是指通过引入新的理念、方法或产品，提高或创造新的价值。挑战是指面对有限的资源和不确定的环境变化，迎接困难并寻求解决方案。因此，创新挑战是指在有限资源和不确定环境的限制下，通过思考和行动来创造新的解决方案，并应对不断变化的环境中的挑战。

创新挑战是在有限资源和不确定环境中，通过创新思维和行动来突破传统思维模式，提出新的解决方案的过程。创新挑战的实施需要明确问题和机遇、整合资源和知识、开展创意思考和实验验证等。创新挑战能够推动经济和社会的发展，但也面临着一些难题和风险。为了应对这些挑战，需要有一套科学的方法和框架来进行引导。

第三节　打破思维局限，提出解决方案

创新思维具有由此及彼的联动性，这是创新思维所具有的重要特征。联动方向有三个：一是纵向，就是看到一种现象，就向纵深思考，探究其产生的原因；二是逆向，就是看到一种现象，就联想到它的反面；三是横向，就是看到一种现象，就联想到与其相似或相关的事物。创新思维的联动性表现为由浅入深、由小及大、触类旁通、举一反三，从而获得新的认识和新的发现。创新思维是创新实践和创新能力发挥的前提。大学生要想实现自己的创新和创业梦想，不仅需要积极主动地激发自己的创新意识，还要认识、训练自己的创新思维。

一、打破思维局限的三种方式

（一）思维可视化与图像化

思维可视化是指用图形、图像的方式将思维表现出来，以提高大脑思考的效率。思维可视化常应用于教学研究中。国内外与思维可视化相关的研究主要来自教育学、心理学、计算机科学、管理学等领域。思维图像化就是将各种复杂多变的信息制作成图像，从这些图像中获得对信息的感知。这些图像可以是平面的，也可以是立体的，甚至还可以是多维的。思维图像化是一种形象的思维的升级。思维图像化可以从图像化笔记、PPT 设计、项目流程图、创意设计等领域进行学习。近年来，概念图受到教学设计领域的关注。美国康奈尔大学诺瓦克教授等人最早提出概念图术语，认为它是将某一领域内的知识元素按其内在关联建立起来的一种可视化语义网络，以视觉化的形式阐明了在知识领域中学习者是怎样使概念之间产生关联的。研究表明，概念图对支持教学具有诸多功用：具有形象性；能提高综合信息的能力；能增进对概念的理解；能提高学习、工作效率；能提升元认知能力。

（二）头脑风暴法

1. 什么是头脑风暴法

头脑风暴法又称智力激励法或自由思考法，是由美国创造学家亚历克斯·奥斯本于 1939 年首次提出，1953 年正式发表的一种激发性思维方法。头脑风暴最早是精神病理学上的用语，直译为精神病患者的胡言乱语。奥斯本借用这个词来形容会议的特点，就是让与会人员打开思路，借助各种设想的相互碰撞，激起脑海中的创造性"风暴"，无限制地自由联想和讨论，其目的在于产生新观念或激发创新设想。

头脑风暴法的核心是"集智"和"激智"。"集智"就是把众人的智慧集中起来，其基础是相信人人都有创造力。"激智"就是把众人的潜在智慧激发出来。头脑风暴法的种种非同寻常的特殊规定和方法技巧，有助于形成一种激励创造力的气氛，使与会人员能够自由思考、任意遐想，并在相互启发中引出更多、更新颖的创造性设想。

2. 头脑风暴法的应用

头脑风暴法一般是通过会议的形式进行的，其实施步骤包括准备、热身、明确问题、畅谈、整理筛选。

（1）准备，具体包括以下四个方面的工作。

①选择会议主持人。合适的会议主持人既应熟悉头脑风暴法的基本原理、原则、程序与

方法，又应对会议所要解决的问题有比较明确的理解，还应有灵活处理会议中出现的各种情况的能力，从而使会议自始至终遵照有关规则，在愉快热烈的气氛中进行。

②确定会议主题。由会议主持人和问题提出者一起分析研究，明确会议所讨论的主题。主题应具体单一，对涉及面广或包含因素过多的复杂问题应进行分解，使会议主题明确。

③确定参加会议的人选。参加会议的人数一般以 5 至 10 人为宜。与会人员的专业构成要合理，大多数人应具备与讨论主题相关的较丰富的专业知识，同时也要有少数外行参加。与会人员应关系和谐、相互尊重、平等议事、无高低贵贱之分。

④提前下达会议通知。提前几天将会议主题的有关内容及背景通知与会人员，以使与会人员在思想上有所准备，提前酝酿解决问题的设想。

（2）热身。热身的目的是使与会人员尽快进入角色。热身所需要的时间可由会议主持人灵活确定。热身有多种方式，如看一段有关发明创造的视频、讲一个发明创造的故事、出几道脑筋急转弯之类的问题让与会人员回答，以尽快形成热烈轻松的气氛，使大家尽快进入创造的"临战状态"。

（3）明确问题。这个阶段主要由会议主持人介绍问题。会议主持人介绍问题时应注意遵循简明扼要原则和启发性原则。例如，针对革新一种加压工具的问题，如果采用"请大家考虑一种机械加压工具的设计构思"这种表述方式，就容易把大家的思路局限在"机械加压"的技术领域之内。如果改为"请大家考虑一种提供压力的先进方案"，则会给大家提供更广阔的思考天地。除机械加压之外，大家还可能会想到气压、液压、电磁等技术的应用。

（4）畅谈。这是会议最重要的环节，是决定智力激励成功与否的关键阶段，其要点是想方设法营造一种高度激励的气氛，使与会人员能突破种种思维障碍和心理约束，让思维自由驰骋，借助与其他与会人员之间的知识互补、信息互补和情绪鼓励，提出大量有价值的设想。

（5）整理筛选。会议结束后，会议主持人应组织专人对设想进行分类整理，并进行去粗取精的提炼工作。如果已经获得解决问题的满意答案，会议就完成了预期的目的。倘若还有悬而未决的问题，还可以召开下一轮会议。

（三）分析与综合

分析与综合是人的思维中一对相互关联的基本方法，能深刻地揭示事物内在的本质。分析是在思维中把整体分解为各个部分、方面、要素，以便逐个加以研究的方法。分析方法多

种多样，有定性分析、定量分析、因果分析、结构分析、功能分析、信息分析、模式分析、发生学分析等。

综合是指在思维中把整体分解为各个部分、方面、要素后，再将其组合成一个整体的方法。

早期的知性综合或抽象综合主要表现为机械的综合、线性的综合，其总体特点是信守"部分相加等于整体"的公式，把综合看作思维组合加减的过程。现代系统论看到了知性综合的局限性，提出了"整体大于部分之和"的系统综合方法。辩证思维提倡的是辩证综合。辩证综合是指在思维中把事物的各个方面按其内在联系有机地结合成统一整体的方法，这种方法要求把材料的意义、结构凸显出来，从而使事物的本质得以显现。

分析与综合虽然是两种相对运行的思维方法，但两者相互依赖、相互转化。一方面，综合离不开分析，分析是综合的基础。没有系统的、周密的分析，就不可能有正确的综合。另一方面，分析又离不开综合，综合是分析的完成。若没有综合的指导，就不可能对事物做出正确的分析；分析是为了综合，是为了达到对事物本质的统一认识。离开了综合，分析也就失去了意义。从这个意义上说，综合比分析更为深刻。分析和综合的运用过程也是从感性具体到思维抽象，再从思维抽象到思维具体的过程。一般说来，从感性具体到思维抽象更多地是运用分析方法，而从思维抽象到思维具体更多地是运用综合方法。

二、让思维更清晰的四个工具

（一）思维导图

思维导图又叫心智地图、脑力激荡图、灵感触发图，是一种有效地表现发散思维的图形思维工具。思维导图实际上是一种可视化的图表，能够还原大脑思考和产生想法的过程。思维导图通过捕捉和表现发散思维，可以对大脑内部的进程进行外向化的呈现。思维导图运用图文并重的技巧，把各级主题的关系用相互隶属与相关的层级图表现出来，为主题关键词与图像、颜色等建立记忆链接。它是一种使用一个核心关键词或想法引发形象化的构造和分类的想法，是用一个核心关键词或想法以辐射线连接所有的代表字词、想法、任务及其他关联项目的图解方式。

很多创新者都喜欢利用思维导图将自己的创新思维记录下来。思维导图不仅是一个进行创新思维训练的好工具，还是一个可以用来提高学习效率的好工具。思维导图的应用示例如图 2-5 所示。

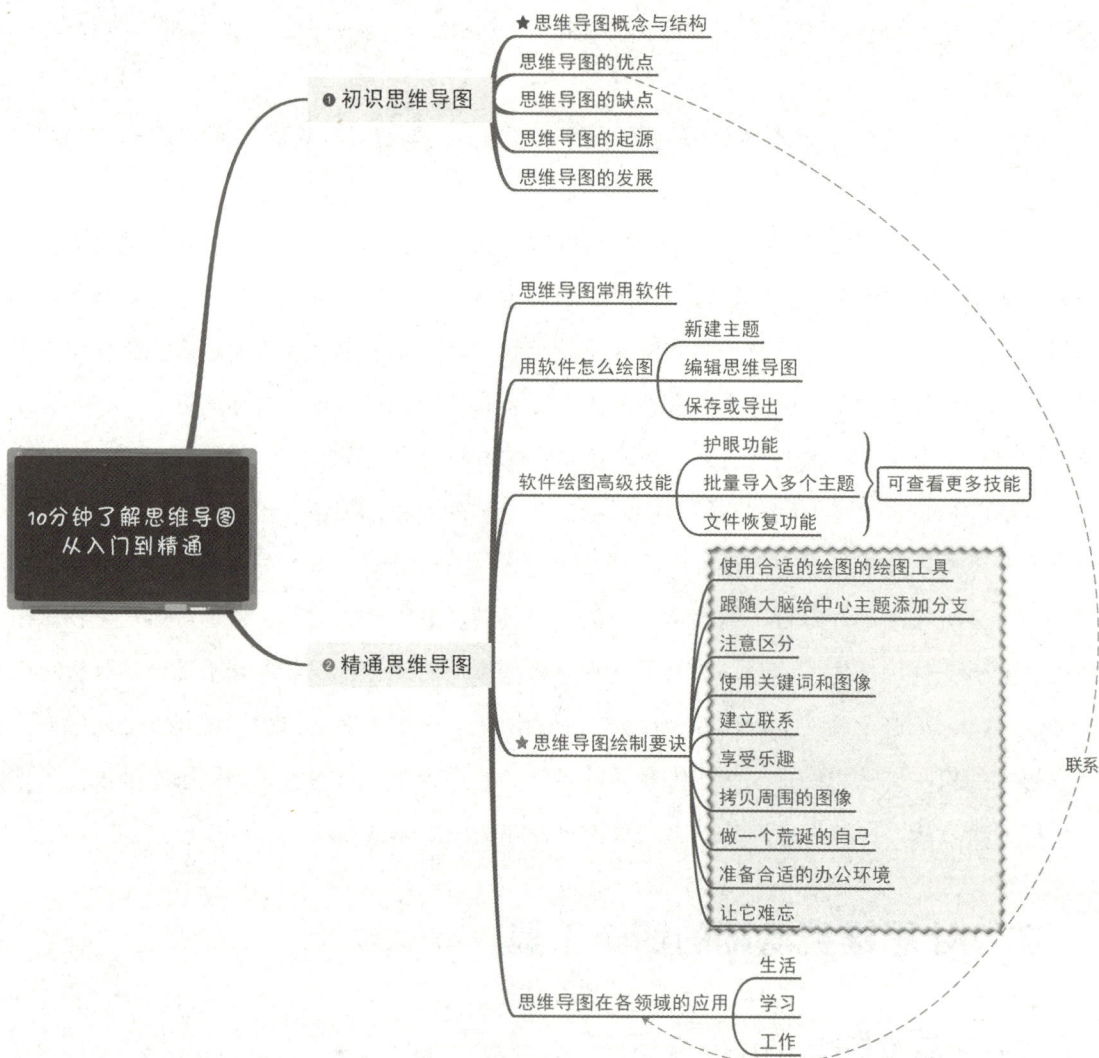

图 2-5　思维导图的应用示例

（二）5W2H 分析法

5W2H 分析法有助于人们全面地分析问题、拆解问题，可有效避免遗漏。5W2H 分析法是一种结构化拆解的方法，遵循黄金圈法则，从 7 个维度分析问题，如图 2-6 所示。

Why：何因。问题的目标、价值和意义。

What：何事。问题的边界、范围。

Where：何地。问题发生的地方。

When：何时。问题发生的时间、频率、概率等。

Who：何人。问题会影响谁？需要由谁来完成？

How：如何做。要怎么做？方法是什么？流程是怎样的？

How Much：何价。要付出什么样的代价？

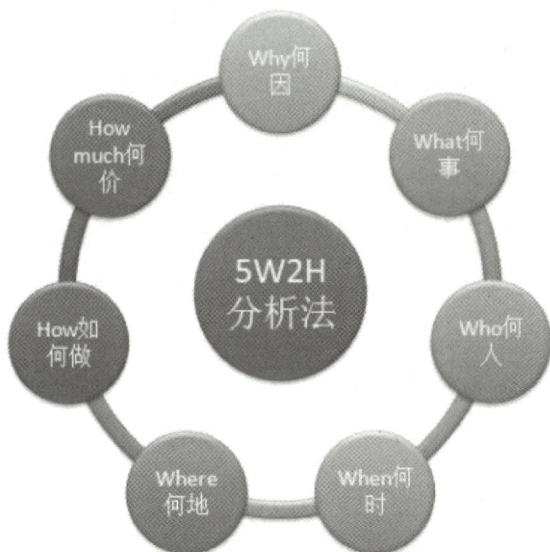

图 2-6　5W2H 分析法

（三）四象限原则

四象限原则的本质是将问题按价值排序，强调优先级，即无论是说话还是做事，要先考虑重要性（带来的价值）和紧急性（是否需要马上行动）。在规划和沟通时，四象限的价值排序是不一样的。在规划时，我们需要规划好时间，留出最好的时间和资源去做那些重要但不紧急的事情，未雨绸缪，有足够的精力把重要的事情做到最好。而且，如果在规划时，已经把重要的事情提前规划好，那么又重要又紧急的事情就会很少。相反，如果随时做那些又重要又紧急的事情，随时保持"救火"的状态，难免会有一些事情发生失误。在沟通时，要先说又重要又紧急的事情，一是可以真正解决问题，二是不会占用别人太多的时间，体现我们说话有逻辑、有主次。四象限原则如图 2-7 所示。

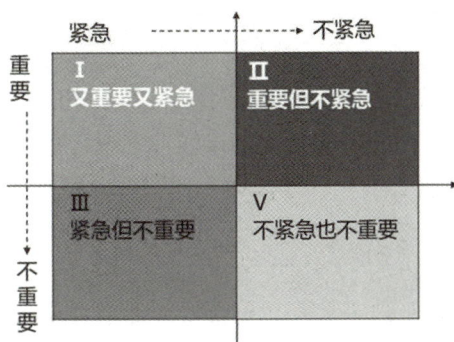

图 2-7　四象限原则

（四）用户旅程图

用户旅程图是描述用户使用一个产品或体验一种服务时经历的各个阶段和步骤的一种图形化方法。它将用户在使用过程中的每个步骤用箭头连接起来，直观地展现了用户的整个使用过程。

在互联网时代，随着人们生活和工作节奏的加快，时间越来越碎片化，而用户在完成某个任务时往往不会按照顺序进行，而是根据自己的习惯选择性地去做某些事情或跳过一些环节。因此，我们可以通过分析用户在不同场景下的行为轨迹来了解他们的真实需求及他们是如何一步步完成任务的，还可以根据不同场景下用户的关注点来分析他们在当前状态下最想要解决的问题是什么，然后结合产品的功能、特性及目标人群进行分析，从而找到最合适的产品解决方案。

用户旅程图是一个很好的分析工具，它可以让我们更清晰地了解到产品在设计时的定位与目标人群，可以帮助我们在产品设计初期就考虑到后续的用户体验问题，还可以帮助我们更好地思考如何改善用户体验的问题。某用户使用叫车软件的用户旅程图如图2-8所示。

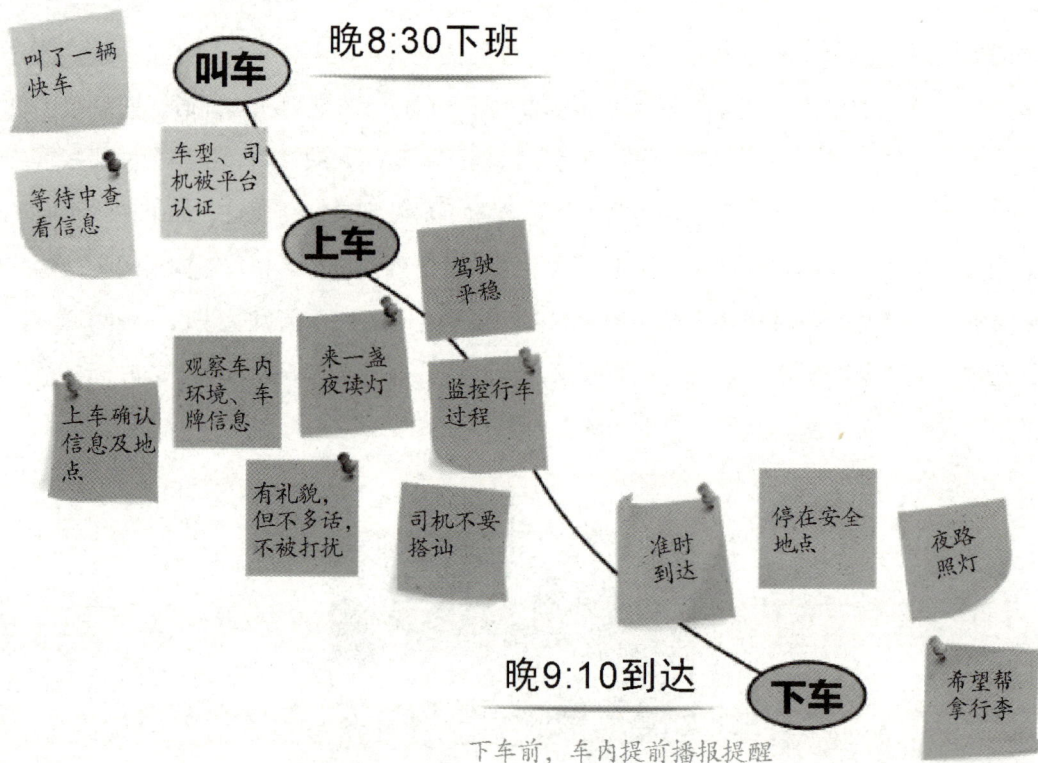

图 2-8 　某用户使用叫车软件的用户旅程图

第四节　积极行动，将想法落地

一、制作原型

（一）原型的概念

原型是将概念和想象转化为现实的重要桥梁，它用视觉化的方式有效地呈现了创新的思想，将想法实物化了。通过制作原型，创新团队可以创造新的讨论空间，使讨论更有活力，让抽象概念变成实体，从而更有效地整合不同意见，使创新的想法和点子落地。

原型可以帮助创新团队更好地获得用户反馈。制作原型的目的不是制作一个能工作的模型，而是赋予想法具体的外形，这样就可以了解这个想法的优势和劣势，并找到新方向来进行下一步完善。制作原型体现了一种实验精神，可能会引发突破性的创新。

（二）制作原型的基本原则

原则一：了解受众和意图。

这是制作原型最重要的原则。了解受众并理解原型的意图，能驱动原型设计流程的各个方面不断推进，使创新团队能更好地完成之后的工作。一切都源自受众，因此创新团队要从解决受众的问题开始。了解谁是受众，就可以确定原型设计的需求，包括所需的内容、数量及合适的保真程度。

原则二：稍加规划，再做原型。

稍加规划，再做原型，以渐增、迭代的方式展开工作，这样能适应不断变化的环境。规划阶段所做的工作越多，越能更好地启动工作。当然，要根据常识来判断需要做多少规划工作。

原则三：设定期望。

设定期望可以帮助用户更好地理解产品的功能和设计意图，从而提高他们对产品的兴趣和参与度。提前设定期望，就不会出现对尚未做原型的详细交互或功能有奇奇怪怪的讨论。一开始就设定恰当的期望，以后就会很轻松了——虽然这些东西不是原型的一部分，但可以加到下一次发布中。

原则四：设计合理性。

原型设计得是否合理，虽然并不是考察产品质量好坏最重要的因素，但一份设计合理的原型方案，确实能给阅读者留下一种专业、可靠的印象。

原则五：逻辑严谨性。

实际上，按照边界清晰性原则和内容完整性原则制作出来的原型一般逻辑严谨性也不会太差。此外还需要特别注意的是，制作原型时需确认流程能否顺利跑通、是否有断崖或死循环。制作原型时需确认原型方案包含正向流程、逆向流程、异常状态所需的所有功能。

二、原型制作的几种类型

（一）故事板

故事板是指由一系列插图及相关注释按照时间顺序排列在一起组成的一个可视化故事，也被称为可视化剧本。故事板可以清晰地表达一个故事。我们可以用多幅简单的草图制作故事板，包括何时、何地、如何使用、产品呈现何种状态等要素，进而清晰地展示故事情节的发展与变化过程，帮助人们更好地理解故事内涵。故事板的使用方法如下。

明确创意：先明确一个角色和该角色的关注点，然后设想创意目标，虚构大体的使用场景。

选定故事：选定一个需要用故事板表达的场景，明确希望通过故事板表达的交互内容，即需要用故事清晰传递的信息。

制定大纲：分析驱动用户的出发点，确定交互过程中的交互事件、产品状态；确定故事发生的时间轴，对故事进行简化；确定故事板中分镜头的数量，可以先用文字故事板进行分镜头的确定。

绘制草图：按照大纲内容，对应时间轴绘制各个草图。选择适当的构图框架，考虑需要添加哪些注释信息、需要强调哪些内容、哪些地方应适当留白。

完整绘制：绘制完整的故事板，适当补充简短注释，调整表达层次，将一连串的草图连接成完整的用户交互场景。

（二）角色扮演

一是要设计好主题及场景。角色扮演并不是对所有的管理类课程教学都有积极的作用，只有适合角色扮演的课题，才有可能通过角色扮演达到理想的效果。所选课题要尽量让学生有话可说、有事可做；给学生的任务既不能太难，又不能太容易，要稍稍超出学生的能力，使学生有一种挑战感和成就感，这样有利于培养学生的兴趣，激发学生的热情。角色扮演要求教师要有较强的设计能力，否则可能会出现设计简单化、表面化和虚假人工化等问题。这无疑会对教学效果造成直接影响，使学生得不到真正的角色锻炼。另外，在设计场景时要合理，

使设计的场景与测评的内容相符，否则会使学生摸不着头脑。

二是要选定学生。参与角色扮演学生的性格、人数、是否具有表演才能等对活动的效果有较大的影响。有些学生由于自身的特点不乐意接受扮演的角色，但又没有明确的拒绝，结果就是在扮演时不能够充分地表现自己；还有些学生参与意识不强，角色表现漫不经心。这些都会影响知识传授的效果。因此，挑选什么类型的学生、挑选多少学生，安排他们扮演哪些角色需要教师认真加以考虑。教师可提前几天布置题目，让学生事先做好充分的准备，以提高活动质量。

三是要准备道具。角色扮演要在模拟场景中进行，模拟场景要尽可能逼真。模拟场景中的设备应与现实场景中的相似，使演示过程具有真实性，从而提高学生对角色扮演的兴趣，激发学生的表演欲望。所以，教师应该主动根据场景所需的设备设施在课前做好充分的准备，尽量让角色扮演的现场具有真实性、可靠性。另外，还要准备评价表。评价表是根据学生演示的内容制定出来的，能够让未演示的学生专注于角色，使他们有任务在身，做到仔细观察，用心思考、评价。

四是要有限卷入。成功的角色扮演需要教师的精心策划与组织，教师的重要作用就在于如何使学生自己把握好课堂学习与讨论的尺度。角色扮演的一个主要目的是让学生充分发挥主体积极性，通过相互交谈来学习。有限卷入意味着学生讨论有时会超出预先制定的讨论提纲，甚至完全脱离教科书展开讨论，以至于预先设计的角色扮演已超越了课程标准的范畴。然而，这些超出预定教学计划、课程标准的课堂学习活动，对于学生来说是十分有趣的，对于他们的认识提高也是十分有价值的。

五是要做好评价。教师在角色扮演活动中要根据学生的表现及时调整教学策略，恰当地对他们的活动给出反馈和评价。有效的反馈和评价是促进学生提高语言表达能力的动力，他们在教师适当的鼓励下会对自己充满信心。同时，教师在课堂教学中要注意学生的心理。在一般的课堂教学中，许多学生由于担心犯错误，会采取一种不积极的"低姿态"，而角色扮演则需要学生积极参与，因此在课堂中营造一种和谐、积极、平等的氛围十分重要。这就要求教师不仅要掌握并利用好各种教学方法，还要具备很好的处理和协调人际关系的能力。

（三）制作视频

制作视频是一种非常好的制作原型的方式。相较于故事板和角色扮演，录制一个小视频更便于进行多次重复和更大范围的传播，可以帮助创新者得到更广泛的反馈意见。现在，用手机录制小视频和进行简单的剪辑已经非常普遍和方便了，人们可以将生活中有意思的场景或一些自编自导的故事录下来上传到视频网站上，获得关注和评论。创新团队也可以鼓励创新者将自己的创意方案拍成一段视频进行传播。制作视频重要的还是视频内容本身，它比制作方式更重要。

Elmo's Monster Maker（艾蒙的造妖机）是一款应用程序，用户按照设计流程可以为自己制造虚拟朋友。在应用程序开发过半的时候，设计者突发灵感，想要加一个舞蹈功能，即用户可以指导"艾蒙"伴随着简单的音乐完成不同的舞蹈动作。设计者对这项设计很有信心，但是团队其他成员对此并不看好，这项设计面临被否定的可能。设计者抓住与合作伙伴开会前 1 小时的时间，录制了一个视频。他用公司现成的绘图仪打印了一个尺寸超大的手机外形图，贴在泡沫塑料板上，在"手机屏幕"的位置划开一个长方形窗口，然后人站在"手机"后面，身体就出现在"屏幕"上。而另一个人操作笔记本的网络摄像头，切换到录像模式，模拟用户与应用程序的交互（如点一下人的鼻子，人就开始跳舞），并录下整个过程，进行简单的剪辑，这就形成了功能展示的原型。从网络摄像头的角度看，纸板的手机看上去和真机的比例相似。视频简单有趣又可爱，说服效果明显强于语言表述。这个原型的效果非常好，因此立即得到了大家的赞同。

三、互联网产品原型制作

在互联网时代，很多需求的解决方案可以通过互联网产品或服务的形式呈现。当代大学生进行创意实践的作品多源于互联网产品，解决方案的原型可以用一个 App 来实现，这种产品或服务的解决方案可以连接线上与线下的用户，体现出时代的特色。在制作 App 原型时除了可以用图画和文字来表示，还可以用一些操作简单的原型设计工具。

（一）手机 App 原型制作

手机 App 原型能直观、形象、动态地将方案的关键功能、实现效果呈现出来，简单易懂、一目了然的效果。手机 App 原型的制作可以按照以下步骤进行，并逐步精细化，由低保真度原型达到高保真度原型，如图 2-9 至图 2-11 所示。

步骤一：方案拆解。讨论创意解决方案，并对方案进行拆解，获得角色、流程、场景、故事、原型、草图等。

步骤二：App 应用场景设计。将 App 应用场景进行定位，绘制 App 应用场景草图。

步骤三：App 故事线设计。深入理解和讨论原型的功能实现和展示要点，将 App 应用的界面、场景通过故事线串联起来，逐一获得脚本。

步骤四：App 原型实现。和原型软件制作人员进行讨论和沟通，互相理解彼此的想法，

而后由原型软件制作人员进行制作。

步骤五：App 原型验收。原型制作完成后，进行验收和讨论，针对呈现效果进行意见收集和改进，确保最后的完成品是大家都满意的作品。

步骤六：App 原型演示步骤录屏。演示最后的成品，并进行屏幕录制，形成流畅的演示步骤的视频。

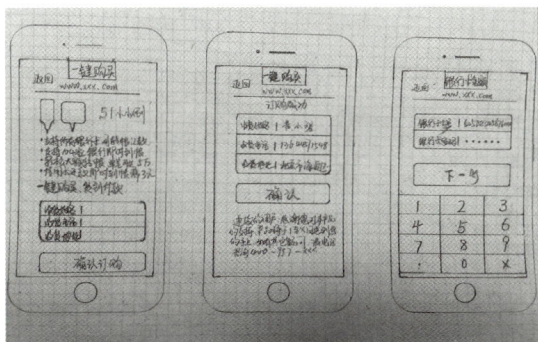

图 2-9　低保真度原型

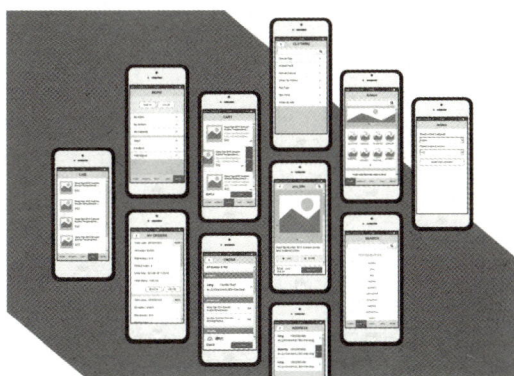

图 2-10　中保真度原型

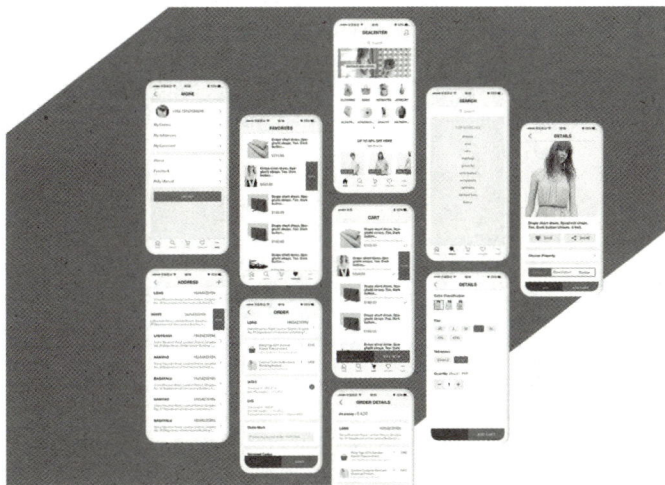

图 2-11　高保真度原型

（二）常用的原型设计工具

1. Axure RP

Axure RP 是一款专业的快速原型设计工具，由美国 Axure Software Solution 公司开发生产。它可以帮助那些负责定义需求和规格、设计功能和界面的专业人士快速创建应用软件或 Web 网站的线框图、流程图、原型图及规格说明文档。它的可视化工作环境可以让使用者轻松快捷地用鼠标创建带有注释的线框图。也就是说，不用进行编程，就可以在线框图上定义简单连接和高级交互，在线框图的基础上可以自动生成 HTML（超文本标记语言）原型和 Word 格式的规格文档。Axure RP 能快速、高效地创建原型，同时支持多人协作设计和版本控制管理。同时，Axure RP 拥有非常强大的交互设计功能，它的控件交互面板可以用于定义线框图中控件的行为，包含定义简单的链接和复杂的富互联网应用系统（Rich Internet Application，RIA）行为，这使它定义的交互都可以在未来生成的原型中进行可执行的操作。另外，交互本身涉及控件的交互、交互事件、场景和动作四个部分，当用户操作界面时就会触发事件，如鼠标的 OnClick、OnMouseEnter 和 OnMouseOut 等事件。每个事件包含多个场景，这些场景也是事件触发的条件，每个场景可以完成多个动作。

2. 墨刀

墨刀是一款专注于移动应用的原型工具，为了方便用户使用和体验，它将所有功能进行了模块化，从而使大部分操作可以通过拖曳来完成。墨刀的功能和 InVision 非常相似，同样拥有云端保存、在线评论等功能，但相比 InVision，它可以完成更多复杂的操作，如手机实时预览等。墨刀原本面向的用户是创业者、产品经理及用户界面/用户体验设计师等，但是从 3.0 版本上市开始，墨刀从一个单纯的制作产品原型的工具变成了一个覆盖整个产品设计和开发流程的、帮助整个产品团队最大限度地发挥协同效应的团队协同工具。它最突出的特点是全中文操作界面。

第五节　测试与反馈，迭代完善

一、倾听用户反馈

用户测试是以用户为中心进行的一系列验证，是指设计者在将产品交付给客户之前，先将自己处于用户的角度或邀请一些用户进行一系列体验式使用，观测不同用户在实际（或模拟实际）环境中与产品的交互行为，从而获得用户反馈。一般来说，用户测试越早越好，这样可以更好地了解市场和用户的需求，从而少走弯路，节省成本。用户测试反馈曲线如图 2-12 所示。

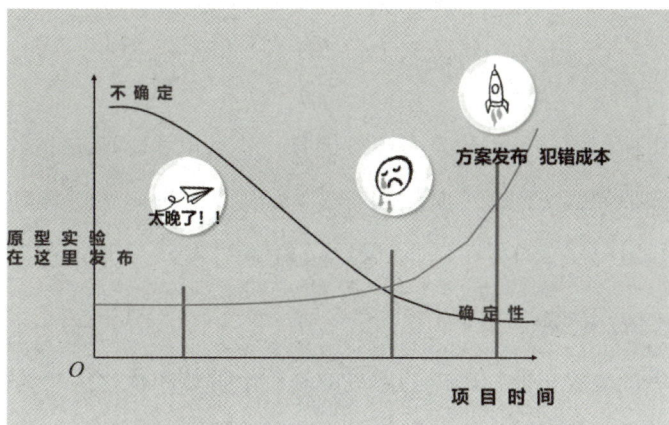

图 2-12　用户测试反馈曲线

（一）为什么做测试

实践是检验真理的唯一标准：虽然有设计方法，但是面对复杂的市场和用户需求，总会发生遗漏、出现偏差。

获知难以察觉的细节问题：观察用户体验，注意到一些细节问题。

说服别人你的设计是可信的：当别人怀疑你某处设计有问题时，你完全可以说经过科学的原型测试，用户很喜欢这个设计。

随着互联网和移动设备的发展，越来越多的企业开始将注意力放在用户体验上，因为良好的用户体验将带来较高的满意度和转化率。而要提供良好的用户体验，需要听取用户的反馈并及时做出调整。

1. 确定信息捕捉渠道

要听取用户的反馈，先要确定一个信息捕捉渠道。这个渠道可以是一个在线调查表，可以是一个意见箱，也可以是一个社交媒体平台。无论你选择使用什么渠道，都需要确保它适合你的目标受众，便于他们快速反馈，并且便于团队追踪和回复。

2. 让用户感受到被重视

当用户给你反馈时，让他们知道他们的声音被听到是很重要的。每次收到反馈时，都可以发送一封感谢邮件或简短的短信，让他们感受到被重视。这样的做法可以提升用户对品牌的信任，并提高用户忠诚度。

3. 聚焦于问题而非人

听取用户反馈时，要聚焦于问题而非人。对待用户反馈时，不能因为用户的评论不好，就攻击或贬低用户。如果遇到口径不一致的用户反馈，可以选择一个中立的方式来回应，提出问题的解决方案。

4．给用户一个适当的期望

大多数用户希望他们的反馈能够及时得到回复，意见也能够被落实。但是，在回复用户的同时，也需要告知他们解决问题的时间和难度。如果在处理问题时遇到一些困难，可以说明这些情况，并告知用户什么时候可以收到最终的解决方案。

5．调整和优化用户体验

收到用户反馈后，就要在他们提出的意见的基础上调整和优化用户体验。这样做可以提高用户忠诚度和满意度，并为下一步产品或服务的调整提供实际参考。

6．持续的反馈和改善

听取用户反馈是一个持续而渐进的过程。这意味着需要定期收集、分析和回应用户反馈，从而持续地改进、优化产品和服务。另外，还需要保持与用户的沟通，积极向用户传达品牌的价值观，让他们更加信任和忠诚于品牌。

（二）用户测试的基本原则

1．用户测试要尽早开始

在制作原型的初期阶段就可以开始进行用户测试，只要你能向用户解释明白你所提供的东西是什么，以及可以满足他们什么需求即可。

2．保持开放的心态

反馈信息是产品和服务迭代改进的基础和方向，只有如实、客观、不带任何情绪地记录反馈意见，才可以为后续的创新积累最原始的、最真实的材料。

3．保持中立

在向测试用户介绍你的构思与制作的原型时，保持客观、中立的态度和语调，客观描述问题背景及测试任务，不要向用户推销产品或服务，也不要在用户有批评质疑时进行辩解。如果无法保持客观而采用引导性的语言，很容易让用户的反馈失真。

4．团队分工

测试的时候，需要团队成员分工协作：一位介绍者，向用户介绍原型及说明测试任务；一位观察者，注意用户在使用产品或体验服务的过程中的所有细节，以及他们遇到的问题；一位记录者，将用户对产品或服务的意见、建议、感受等如实记录下来。通常情况下，观察者和记录者可以由同一人担任，但每1～2名用户至少需要一位（组）观察者和记录者全程跟随。

5. 让用户对比

如果时间允许，或者原型制作比较容易，可以多做几个版本的原型让参与测试的用户来进行对比，进而收获更多有价值的信息。

用户测试不是只进行一次就可以完成的，它要分阶段多次进行。不必等到产品完成再开始测试，在视觉稿阶段和原型初期阶段（低保真度原型阶段）就可以开始测试。测试用户不善于表达时，需要我们重点观察，记录测试过程中出现的问题。注意，记录用户意见时，不用解释和争辩，事后用问卷形式进行确认。测试过程中应尽量避免介入，确实需要时，用追问的形式。用户测试基本流程如图 2-13 所示。

图 2-13 用户测试基本流程

二、用户测试的三个工具

（一）热图测试工具

热图测试工具是一种强大的用户行为分析工具，它通过将用户在网站上的互动行为可视化来帮助网站所有者、产品经理和营销人员更好地理解用户行为，如 Hotjar 热图工具。

Hotjar 是一个一体化的分析和反馈平台，它提供了多种工具来帮助网站所有者、产品经理和营销人员更好地理解用户行为。其功能具体如下。

（1）点击热图，显示用户在页面上的点击分布，帮助网站所有者、产品经理和营销人员识别哪些元素吸引了用户的注意力，以及哪些元素可能被忽视。

（2）滚动热图，显示用户在页面上的滚动行为，Hotjar 揭示了内容可见性的分布，帮助确定哪些内容被用户阅读了、哪些被直接跳过了。

（3）移动热图，记录用户的鼠标移动路径，尽管这不一定准确反映用户的视线，但它可以提供关于用户阅读习惯和页面布局有效性的线索。

（4）用户行为记录，允许回放单个用户的会话，查看他们在网站上的实际行为，包括点击、滚动、键盘输入等。

（5）信息反馈，通过反馈弹窗和问卷调查，让用户可以直接在网站上提供反馈。

（6）分析和报告，Hotjar 提供直观的分析和报告功能，使数据的解释更加容易。

（二）原型测试反馈表

原型测试是指创建设计模型或功能原型，并从测试用户那里收集关于哪些有效、哪些无效的反馈。它可以帮助团队（无论是用户体验团队还是产品营销团队）识别潜在问题或验证产品决策。

原型测试对于设计研究型产品很重要。这是一种收集用户对当前产品的见解并了解如何对其进行修改以最好满足用户需求的方法。原型测试可以在整个产品生命周期中发挥作用。原型测试四象限如图 2-14 所示。

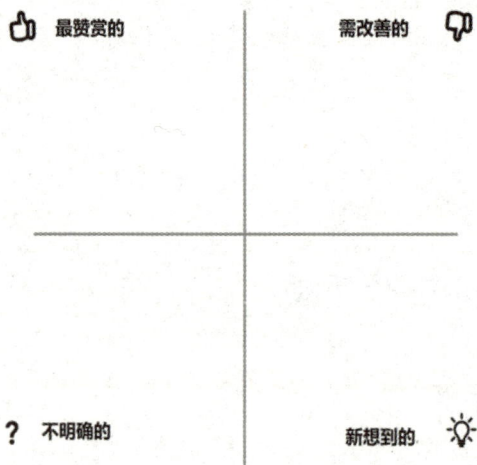

图 2-14　原型测试四象限

四个象限分别从四个方面收集用户对原型的反馈，分别是最赞赏的、需改善的、不明确的、新想到的。这个工具可以帮助大家在收集用户反馈时有参考的方向，同时它也考虑到了用户各方面的感受（正向的、负向的、不确定的），能够使收集的反馈更全面，使测试者不至于忽视用户某一方面的反馈而导致信息失去平衡。

（三）用户测试指南针

用户测试指南针同样从四个维度来进行用户观察和反馈信息的收集：感到兴奋的（Excited）、感到担忧的（Worrisome）、建议（Suggestions）、需要知道的（Need to know），如图 2-15 所示。这四个维度的英文首字母正好与指南针上东（E）西（W）南（S）北（N）四个方向的首字母一样，非常便于记忆。

测试者可以单独使用原型测试反馈表和用户测试指南针，也可以结合使用进行测试，收集反馈。

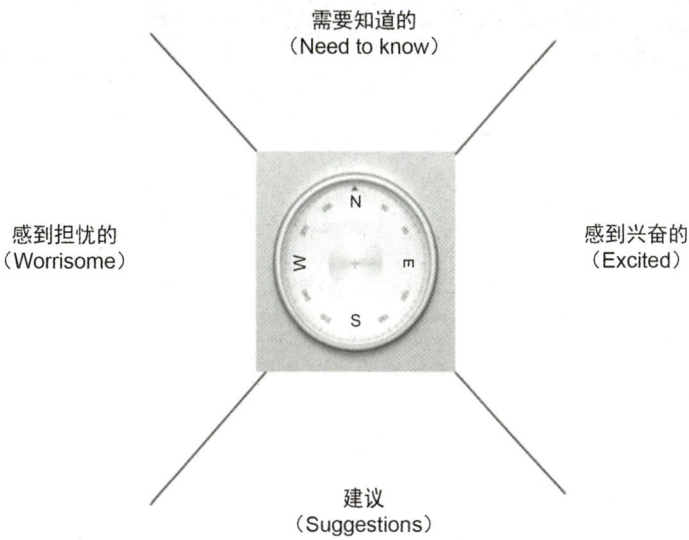

图 2-15　用户测试指南针

第三章 创业与创业准备

【素养目标】本章旨在通过详细讲述创业前要做的准备，让学生对创业有更加明晰的概念，加深学生对创业的认知，从而提升学生创业的成功率。

创业与大学生思想政治教育之间存在着紧密的关系，创业可以帮助大学生深入理解和实践社会主义核心价值观，培养大学生的创新精神和实践能力，增强大学生的社会责任感与使命感。通过本章学习，大学生能积累创业知识，少走弯路。因此，学校应该重视创业教育与创业准备，并将其与思想政治教育有机地结合起来，鼓励和支持大学生积极参与创业准备和实践，培养他们的创新创业意识和能力。

第一节　创业者的品质要求

创业者都具备一定的心理品质，正是这些心理品质支撑其走过艰难险阻，最终实现创业的成功。创业者具备的心理品质主要体现在人的独立性、敢为性、坚韧性、克制性、适应性、合作性等方面，它反映了创业者的意志和情感。一名优秀的创业者所具备的心理品质必定是比较全面的，这也是对其整体素质的要求。

一、创业者应具备的心理品质

从职业的角度来看，不同的职业人需要具备不同的心理品质，而创业者则需要具备更多的心理品质，如图 3-1 所示。

（一）与人为善

一个人不关心别人，对别人不感兴趣，别人当然也不会在意你。当别人开始对你感兴趣时，你的产品才会进入他的视线。

人	技术人员	销售代表	自由职业	职业经理人	创业者	变革性创业者
						感召力
					冒险精神	冒险精神
				知人之智	知人之智	知人之智
			战略思维	战略思维	战略思维	战略思维
		自信果敢	自信果敢	自信果敢	自信果敢	自信果敢
	追求卓越	追求卓越	追求卓越	追求卓越	追求卓越	追求卓越
与人为善	与人为善	与人为善	与人为善	与人为善	与人为善	与人为善

图 3-1　创业者应具备的心理品质

注：这里只是为了便于理解，与实际略有不同。

（二）追求卓越

追求卓越是指创业者通过努力和智慧，让消费者更加信任和认可他们的产品或服务，这也是创业者不断突破自己、实现创新的重要动力。

（三）自信果敢

一名自信的创业者能够坚定地相信自己和自己的企业，相信自己的能力和判断力，从而在面对困难和挑战时能够保持冷静和坚定。自信的创业者能够吸引和留住优秀的人才，他们相信自己的团队能够共同实现目标。果敢是创业者必须具备的心理品质之一。一名果敢的创业者能够在关键时刻果断做出决策，并且勇于承担风险。果敢的创业者能够迅速适应市场变化，抓住机遇，从而在竞争激烈的市场中脱颖而出。

（四）战略思维

战略思维是创业者必须具备的心理品质与思维之一，它能够帮助创业者制定并执行有效的商业战略，从而实现企业的发展和成功。战略思维的核心在于对市场、竞争对手、消费者、技术等方面的深入分析和理解，以及基于分析结果制定的商业战略。它要求创业者具备全局观念、长远眼光和系统思考能力，能够从宏观和微观两个层面把握市场和企业的运行规律。具体而言，战略思维涵盖市场洞察、目标设定、风险管理、资源整合、持续创新等内容。

（五）知人之智

对于创业者来说，知人之智是非常重要的，因为它能够帮助创业者组建一支高效、专业的团队，从而实现企业的长远发展。

创业者需要具备识别人才的能力，能够从众多应聘者中挑选出最适合企业的人才。这需要创业者具备敏锐的洞察力和判断力，能够通过面试、考察等方式了解应聘者的能力、性格、价值观等。创业者还需要具备用人得当的能力，能够根据每个人的特长和特点，安排合适的工作岗位，充分发挥他们的潜力。同时，创业者还需要建立良好的激励机制，激发员工的积极性和创造力。

（六）冒险精神

在创业过程中，冒险精神可以帮助创业者抓住机遇、突破困境，从而实现企业的成功和发展。具体而言，冒险精神要求创业者拥有敢于尝试和不屈不挠的品质，不畏惧失败和风险，敢于尝试新的商业模式、产品或服务。只有通过不断的尝试和探索，才能找到最适合企业的道路。创业本身就是一项高风险的活动，创业者需要具备敢于承担风险的精神，不畏惧失败的结果。只有敢于承担风险，才能在竞争激烈的市场中脱颖而出。创业过程中会遇到各种困难和挑战，创业者需要具备不屈不挠的品质，不轻易放弃，坚持到底。只有通过不懈地努力和坚持，才能实现企业的成功和发展。

此外，变革性的创业者还需具备感召力，感召力亦称领袖气质，是一种人格特质，尤指那种能鼓舞人心、预见未来、创造奇迹的气质。具有这种气质的人对别人具有吸引力并容易受到别人的拥护。这种影响力并不建立在传统的职位权威上，而是建立在下属对领导者具有非凡才能的感知上。变革性的创业者往往具有远见卓识，自我牺牲性强，有高度的冒险倾向，能使用非常规策略，有准确的情境估计能力，自信心强，善于使用个人权力等。

二、企业家精神

企业家精神是一种创新意识，如新思路、新策略、新产品、新市场、新模式；企业家精神是一种责任，如敬业、诚信；企业家精神是一种品格，如冒险精神、准确判断、果断决策、坚忍执着；企业家精神是一种价值观，如创造利润、奉献爱心、回报社会；企业家精神是一种文化修养，如广博的知识、高尚的道德情操。

创新是企业家精神的灵魂，凸显了企业家精神的实质和特征；冒险是企业家精神的天性，没有甘冒风险和承担风险的魄力，就不可能成为企业家；合作是企业家精神的精华，企业家在重大决策中实行集体行为而非个人行为，尽管伟大的企业家常常只是一个人，但真正的企业家其实是擅长合作的，而且这种合作精神需要扩展到企业的每个员工；敬业是企业家精神的动力，对事业的忠诚和责任是企业家进步的不竭动力；学习是企业家精神的关键，学习与智商相辅相成，从系统思考的角度来看，从企业家到整个企业应表现为持续学习、全员学习、团队学习和终身学习；执着是企业家精神的本色，只有坚持不懈、持续不断地创新，咬定青

山不放松，才可能成功；诚信是企业家精神的基石，诚信是企业家的立身之本，在所有领导原则中，诚信是绝对不能妥协的原则。

优秀的企业家精神体现在推动经济发展、企业转型、业务重塑、商业创新，创造新的就业机会，增加社会财富等各方面。企业家精神在推进经济发展的过程中，能够激励团队创新、优化企业建设、完善资源配置，以及加快企业成长的步伐和经济增长的速度。所以，培养大学生的企业家精神，就是培养他们形成有前瞻性的就业观，这不仅能帮助其拓展就业渠道，还能缓解其就业压力，更重要的是有利于培养大学生的社会责任感、创新创业意识和团队合作精神。

第二节　创业思想准备

大量媒体都在宣扬创业成功后创业者得到的回报，但我们要意识到在创业过程中，创业者必然承受着巨大的风险与压力，在创业之前认清这些对创业者非常重要。在创业的道路上，思想准备是至关重要的一步。它不仅决定着创业者的心态，还影响着整个创业过程的走向和结果。在创业之前，创业者先要做好思想准备，确保自己已经具备了坚定的信念、清晰的目标和充分的认识。做好思想准备是创业成功的前提，它让创业者在面对未知和挑战时，能够保持冷静、理智应对。

一、创业风险

任何形式的创业都有风险，因为创业者的显著特征就是具有高度的冒险倾向。创业者要求的回报越多，面临的风险就越大。这是他们要非常仔细地进行风险评估的原因。创业者面临的各种风险主要可以划分为以下几种类型。

（一）财务风险

大多数创业者都会将自己的积蓄或家庭资产的较大部分作为投入，这将使其面临财务风险。这些投入的积蓄或资产极有可能全部损失，甚至创业者还有可能被要求承担超出其个人及家庭资产的连带责任，从而导致彻底破产。对不少创业者来说，他们本身没有多少积蓄，创业资金大多来自家庭，很多人不愿意冒着失去积蓄或家庭资产甚至拖累父母等亲人的风险来创业。

（二）职业风险

所有创业者都面临着职业风险。对于离职的创业者来说，他们的职业风险是一旦创业失败，不但无法回到原来的岗位，而且未必能顺利找到下一份工作。对于拥有稳定职位与较高薪资福利的高管来说，创业失败的成本更高，有可能断送本该一帆风顺的职业生涯。而对于未曾步入社会的大学生创业者来说，同样也面临着职业风险。很多企业青睐应届毕业生，失败的大学生创业者有可能失去毕业季这个最好的就业时机，从而影响今后的职业发展。

（三）家庭与社交风险

创业需要创业者投入大量的时间和精力，这就使创业者面临家庭与社交风险。为了创业，创业者可能无法尽到其他责任，从而影响与周围人的关系。对于已婚的，特别是有孩子的创业者来说，他们的家庭成员将不能时常享受到完整的家庭生活，甚至可能会承受无法弥补的情感伤害。此外，创业者可能会因为经常在聚会时缺席，从而失去好友。尽管有些年轻的创业者不用考虑陪伴配偶和孩子的问题，家庭负担相对较轻，但也会因为创业而无暇关心父母和家人，亦没有精力与朋友保持亲密的联系。因此，年轻的创业者也同样面临家庭与社交风险。

（四）心理风险

心理风险可能是影响创业者幸福指数的最大风险。失去的资金可以挣回来，房屋可以重新购买，配偶、孩子、朋友可以慢慢适应，而对那些创业失败的创业者而言，精神上的打击才是致命的，容易导致其一蹶不振，很难恢复到原来的状况。尤其是对于一些未经社会磨炼，经历挫折较少的创业者来说，他们往往对创业成功有着过高的期望，而一旦创业失败，将会受到极大的心理打击。因此，这类创业者应在创业前充分认识到创业的风险，在心理上做好坦然接受失败的准备，即所谓的"尽人事，听天命"。创业者在创业失败后应积极调整心态，努力过了，就不要再自责、后悔，而应积极走出失败的阴影，重新振作起来。

二、创业压力

研究表明，创业者即便实现了目标，通常也会为之付出很多。经过调查，创业者大都有颈椎病、消化不良、失眠或头疼等症状。然而，为了实现自己的目标，创业者必须承受压力，取得的回报只能在一定程度上弥补其付出的代价。一般来说，压力源于个人的期望与现实之间的差距，以及个人所感受到的不确定性、控制感和威胁感。如果一个人没有实现其能力所

及的目标，就可能会承受一定的压力。创业者创办和管理一家企业需要承担相当大的风险，这会为其带来较大的压力。此外，创业者还要不断与外界沟通，如政府监管部门、客户、供应商、律师、审计师等，这也会给他们带来压力。

三、做好创业前的自我评估

在创业之前，创业者需要认清自我，对自己的身体素质、心理素质、知识与创新意识及能力有一个客观的评估。

（一）身体素质评估

身体素质评估是指人体在活动中所表现出来的力量、速度、耐力等。身体素质是一个人体质强弱的外在表现。创业时尤其是在创业初期，创业者的工作艰辛复杂，表现为工作繁忙、时间长、压力大，如果身体素质不好，必然力不从心，难以承受创业的重任。这就要求创业者具有良好的身体素质，身体健康、体力充沛、精力旺盛、思路敏捷。

（二）心理素质评估

创业很少是一帆风顺的，有成功就会有失败。对于初次创业的创业者来说，失败的概率会更大。这就需要创业者必须具备坚韧不拔、百折不挠的良好心理素质。创业者应该充满自信、坚强、果断、开朗，在成功时不沾沾自喜、得意忘形，在遇到困难和挫折时不灰心丧气、消极悲观。

（三）知识与创新意识评估

知识对创业起着重要的作用。单凭热情、勇气、经验或只有单一专业知识，就想成功创业是很困难的。创业者要有足够的知识储备和一专多能的知识结构。另外，创业是开创新事业的活动，这就要求创业者具有创新意识，有强烈的创造新事物的观念和动机。创新意识能够让创业者产生积极进取的动力。

（四）能力评估

能力是创业成功的基本保障。在决定创业之前，创业者要对自身的创新能力、沟通能力、策划能力、组织能力、领导能力及控制能力进行综合评估。要意识到如果不具备上述能力，创业很难取得成功。

四、培养积极的心态

创业过程中会遇到各种困难和挑战，创业者需要具备积极的心态，相信自己能够克服困难并取得成功，保持对未来的乐观态度，坚定自己的创业信念。

（一）保持乐观

无论遇到什么困难，创业者都要保持乐观的态度，而不是一味地盯着消极的部分。创业者要相信自己能够克服困难，取得成功；不要过分担心未来，而应专注于现在，积极面对挑战。创业者需要构建积极的思维模式，以乐观应对创业过程中的困难和挑战。

（二）坚定信念

创业者要有坚定的信念，清楚地知道自己想要的是什么，设定明确的目标，相信自己正在做的事情是有意义的，并且相信自己能够取得成功，不要因为别人的质疑或暂时的困难而动摇自己的信念。当然，信念并不是一成不变的，它应该随着自身的成长和经历而不断完善。创业者应通过持续学习和反思，不断更新自己的信念，使其更加符合现实和自身的需求。

（三）培养自信

自信是成功的关键之一。创业者要相信自己的能力和价值，不要因为自己的不足而感到沮丧；深入了解自己的优点、特长和成就，记录并经常回顾这些积极的方面；不断学习和提升自己的能力，通过培训课程、读书、实践等方式提升自我，以增强自信心；给自己正面的反馈和鼓励，学会欣赏自己的努力和进步；定期进行运动，保持良好的作息和饮食习惯，保持健康的体魄，以更自信地面对生活挑战。

（四）接受失败

在创业过程中，失败是不可避免的。创业者要学会接受失败，允许自己因失败产生沮丧、愤怒或失望等负面情绪，但不要因为失败而放弃，要勇敢地面对失败，并从中吸取教训，了解自己的不足，学习新的知识和技能，寻找机会，厚积薄发。

（五）寻求支持

在寻求支持之前，创业者要明确自己需要什么，从而更精准地找到合适的支持者。创业者可以向家人、朋友、导师、顾问等寻求支持，不要害怕或羞于表达自己的困扰和需求，要

用清晰、坦诚的语言描述自己的问题，让支持者能够准确理解。当他人给予意见时，创业者要保持开放的心态倾听和接纳，从中找到有价值的信息，不要过于固执己见。他人提供的鼓励、建议和帮助既能让创业者保持积极的心态，又能让创业者拓宽自己的思路。

（六）学会放松

创业过程中会遇到很多压力，创业者要学会放松自己，可以通过运动、听音乐、看电影、练习书法等方式来放松自己的身心，也可以通过社交、旅游等方式缓解压力。

第三节　创业知识准备

创业知识主要包括创业的行业知识和实创环境中的知识。其中，行业知识是指行业所涉及的专业知识、技能、经验和方法。在创业的道路上，知识准备至关重要。它不仅决定了创业者对市场的认知和决策的准确性，还影响着企业的长期发展。创业不仅是实践的探索，还是知识的较量。在创业之前，创业者要做好充足的知识准备，确保自己拥有足够的知识储备和敏锐的市场洞察力。另外，创业者需要对自己所在的行业有深入的了解，包括行业趋势、市场规模、竞争格局等。了解行业的特点和规律，可以帮助创业者更好地把握市场机会，制定竞争策略。

一、创业需具备的知识

创业需要具备的知识有很多，一般来讲主要包括法律法规、财务、市场营销、团队管理、技术创新等方面的知识。

创业者需要了解相关的法律法规，包括《中华人民共和国公司法》《中华人民共和国劳动法》及相关税法等，确保企业在合法合规的前提下运营，避免产生法律纠纷和风险。

创业者需要具备基本的财务知识，包括财务报表的制作和分析、资金的筹集和运用、成本控制等。了解企业的财务状况和运营情况可以帮助创业者做出更明智的决策。

创业者需要了解市场营销的基本原理和方法，包括市场调研、品牌定位、推广策略等。掌握有效的市场营销方法可以提高企业的知名度和竞争力。

创业者需要具备团队管理知识，包括如何组建团队、分配任务、激发团队士气等。学会有效管理和领导团队，可以提高团队的执行力和效率。

如果创业者所在的行业涉及技术创新或产品开发，那么创业者需要了解和掌握相关的技术知识，这可以提高创业者在产品研发和创新方面的竞争力。

二、持续学习和自我提升

创业是一个不断学习和成长的过程，创业者需要始终保持学习的态度，不断更新自己的知识和技能，通过参加培训课程、阅读相关书籍、与行业专家交流等方式，不断提升自己的能力和竞争力。

（一）制订学习计划

创业者要根据自身的职业目标和兴趣，制订长期和短期的学习计划。创业者要明确学习目标、评估现有水平、安排学习时间、制订详细计划、设置优先级、定期进行回顾与总结，保持动力。除了学习本专业的知识，还要涉猎其他领域，但要避免盲目学习。多元化的知识结构有助于创业者从不同的角度看待问题，提高创新能力。在学习的过程中，创业者要学会排除干扰，保持专注。这有助于提高创业者的学习效率，更好地吸收和掌握知识。

（二）实践应用

创业者要将所学的知识运用到实际生活和工作中，通过实践来加深对知识的理解。另外，要保持专注，集中注意力，确保自己能够全神贯注地投入学习中。这不仅能提高实践能力，还有助于发现自己的不足，有针对性地进行提升。

（三）反思与总结

在反思之前，创业者先要明确反思的目的：是为了找出学习中的不足，还是为了总结成功的经验？定期对自己的学习和工作进行反思与总结，发现自己的优点和不足，有利于创业者及时调整学习策略，提高学习效率。创业者要根据反思与总结的结果，设定具体的改进目标，结合改进目标，学会利用互联网资源（如在线课程、博客、论坛等）学习。这有助于创业者随时随地获取新知识，不断更新自己的知识体系。

（四）培养批判性思维

创业者要学会独立思考，不盲目接受他人的观点。通过分析和评估信息，形成自己的见解和判断。这有助于创业者在未来的创业过程中做出明智的决策。

第四节 创业能力准备

在创业的道路上，能力准备同样不可或缺。它涉及多方面的技能和素质，从战略规划到团队协作，再到市场洞察，是决定创业成功与否的重要因素。创业是一场能力的较量，在创业过程中，创业者需要不断提升和锤炼自己的能力，以确保能够应对各种机遇和挑战。能力准备是创业成功的关键，有助于创业者在竞争激烈的市场中立于不败之地。

创业能力往往会影响创业活动的效率和创业成功的概率，其一般包括以下几种具体能力。

一、创新能力

创新是一种对未知世界、未知领域的探索性活动，是推动人类社会发展的动力。创新的实质是通过科学研究、生产活动和管理实践，创造新的理念、产品或服务并将其转化为生产力，以促进社会经济的发展。创新贯穿于创业的全过程，在创业过程中，无论是发现新的创意、捕捉新的机遇、寻找新的市场、撰写一份有潜质的创业计划，还是创业融资、创办公司、管理和控制企业，都包含着创新的内容。要想创业成功，创业者就要有卓越的创新能力。创新能力是指创业者在经营活动中善于敏锐地察觉事物的缺陷，准确地捕捉新事物的萌芽，提出大胆、新颖的推测和设想，继而周密论证，提出可行的解决方案的能力。创新能力来源于创新思维，一名成功的创业者一定具备独立性、求异性、想象性、灵感性及敏锐性等特质。中国科学院院士朱清时把创新人才的素质归结为好奇心和兴趣、广博的多学科交叉的知识、直觉或洞察力、刻苦勤奋、注意力集中，以及诚实、责任感和自信心等素质。

二、策划能力

策划能力是策略思考与计划编制能力的统称。策略思考是一种分析和规划过程，旨在确定达成特定目标或解决特定问题的最佳方法。这种思考涉及对当前情况的评估、对未来可能性的预测及行动方案的制定。计划编制是一种组织和规划过程，旨在确定实现特定目标或完成特定任务的最佳途径。这个过程涉及对现有资源的评估、对目标的设定、对未来可能性的预测及行动方案的制定。根据外部环境和创业机会，进行富有创意的策划，对创业是至关重要的。创业者策划时必须考虑以下问题：首先，必须弄清楚策划项目的价值、所涉及的范围和有关的限制因素；其次，确定由谁负责该项目的策划；最后，必须考虑策划的时机。创业者要充分认识和完善自己，知晓企业自身的竞争力，为企业量身定制策划方案，真正成为开拓市场的领路人。创业者策划能力的大小，直接决定着创业活动的绩效，它是衡量创业水平的一个重要标志。

具体来讲，创业者的策划能力主要包含以下几种。

（1）发现问题的能力。这种能力不同于创新能力。创新能力是对尚未出现的问题进行设计、设想，对未来做出敏锐洞察的能力。而发现问题的能力是对现实生产经营活动中出现的问题，运用各种理论知识和经验做出判断并提出解决办法的能力。

（2）合作能力。创业中出现的许多问题都关系到企业的发展方向，往往需要综合运用多学科的知识解决。而创业者自身往往并不具备多种专业知识，这时创业者应能够组织有关专家、学者共同探讨解决问题的办法，发挥合作精神，以弥补自身技术能力的不足。

（3）优化能力。优化能力使策划方案既能够切合实际需要，又能够方便贯彻执行。创业者从多种可行性方案中进行选择时，必须掌握优化能力，认识到在实际中不存在"最佳化"的理想状态，只有接近于"最优化"的状态，通过几套优化方案的结合达到方案"最优化"。

（4）逻辑分析能力。策划方案必须能够落实到行动，只有逻辑严密、无懈可击的策划方案才能让执行过程更顺利。所以，除了从整体上策划，创业者还必须考虑并规避执行过程中可能出现的问题，这就要求创业者必须具备并能充分运用逻辑分析能力。

此外，创业者在做完策划之后，应对策划方案的实施情况进行预测，并做好相应的风险防范。

三、市场调研能力

创业者需要具备市场调研能力，充分了解目标市场的需求、竞争情况和潜在机会。通过收集和分析市场数据，为产品定位和营销策略提供依据。

四、经营管理能力

经营管理能力又可以细分为人事管理能力、财务管理能力、风险管理能力，是指对人员、资金及企业的内部运营进行管理的能力。它涉及人员的选择、任用、组合和优化，还涉及资金的聚集、核算、分配和使用。作为创业者，只有学会经营管理、知人善用，最大化且合理地整合资源，才能使企业形成市场竞争优势。

五、领导能力

领导能力是领导者把握组织使命及动员员工围绕使命奋斗的一种能力。领导能力是领导

者的个体素质、思维方式、实践经验及领导方法等个性特征和行为的总和。不少研究者认为，最后决定领导能力的是个人的品质和个性。领导能力是领导者素质的核心，出色的领导能力是创业者成功创业的关键。

在创业过程中，创业者的领导能力通常体现在以下几个方面。

（1）活力。创业者要有巨大的个人能量，对于行动有强烈的偏爱，不惧怕变化，不断学习，积极挑战新事物。

（2）鼓动力。创业者要有激励他人的能力，能够动员周围的人，善于表达自己的构想与主意。

（3）锐力。创业者要有竞争精神、自发的驱动力、坚定的信念和意志。

（4）决策力。美国著名管理学家赫伯特·西蒙指出："决策是管理的心脏，管理是由一系列决策组成的，管理就是决策。"决策关系着企业前进的方向，关系到团队的优胜劣汰。因此，创业者要具备这种及时做出恰当决定的能力。

（5）执行力。所谓执行力，是指贯彻战略意图、完成预定目标的操作能力。创业者必须能够将构想和结果联系起来，把企业战略、规划转化为效益、成果。创业者的执行力就是经营企业的能力。

六、沟通能力

沟通是现代企业管理的核心和灵魂。因此，创业者必须具备良好的沟通能力，包括外部沟通能力和内部沟通能力。

外部沟通能力是指创业者能够通过公共关系手段，利用大众传媒，与客户、政府职能部门、周边社区、金融机构等建立良好的关系，争取社会各界的支持，营造良好的发展氛围；同时，导入企业形象识别系统，把理念系统、行为系统、视觉系统进行有效整合，进行科学合理的传播，树立良好的企业形象，提高企业的知名度、美誉度、资信度，为企业持续发展提供良好的环境。因此，对于创业者而言，获得广泛的社会支持，并在这种支持下充分利用各种有利因素推动企业发展，是取得创业成功的重要能力之一。

内部沟通能力，一方面是指创业者能够制定合理的制度，借助恰当的媒介，使企业的各种指令、计划及时上传下达，统筹执行。对此，建立与规范企业会议系统，定期发行企业内部刊物等都是很好的选择。另一方面是指创业者应以真诚的态度和开放的心态听取员工的建议，了解员工的需求，努力提升其工作满意度。创业者的大门应该是永远敞开的，时刻欢迎各层级员工进来沟通谈话。无论是意见还是建议，创业者都应当认真听取，并快速做出回应，同时了解各级员工的需求动态，并尽力满足，把员工当作绩效伙伴而非"打工者"，形成命运共同体，而非单纯利益共同体。

七、组织能力

组织能力是指创业者运用行之有效的手段把企业生产经营活动的各个要素、各个环节高效、科学地联结起来，对资源进行分配，同时控制、激励和协调群体活动过程，使之相互融合，以实现创业目标的能力。创业者具备良好的组织能力，能使企业形成一个有机整体，并保持高效率地运转。组织能力主要包括组织分析能力、领导授权能力、冲突处理能力和激励下属能力等。

1. 组织分析能力

组织分析能力是指创业者针对企业的现实状况，依据组织理论和原则进行系统分析的能力。这种能力要求创业者能对企业现有组织状况的效能进行全面分析，对其利弊进行正确估计，并能够找出现有组织结构中存在的问题。

2. 领导授权能力

有效的授权是领导的一项基本职责，授权意味着准许并鼓励他人来完成工作，以达到预期的效果。领导授权能力使创业者能够通过其他人员的努力来完成工作，但授权并不意味着放弃自己的职责。

3. 冲突处理能力

正确地处理同事之间、上下级之间的冲突是非常重要的。创业者的冲突处理能力包含对冲突原因的理解、如何避免冲突，以及如何妥善处理冲突。

4. 激励下属能力

作为领导者，创业者应尽力激励下属，使他们的工作更有效。因此，创业者应该懂得激励下属的方式，并确认自己在激励过程中所扮演的角色。一名出色的领导者，应创造促使下属达成各自目标的条件；最重要的是，针对不同的人应采取不同的激励方式，而非对激励问题提供一个通用答案。

第五节　创业经验准备

创业经验主要可以分为创业成功的经验和创业失败的经验。大学生创业者大胆开拓，勇于创新，开辟了许多不同类型的创业途径，使创业成功率显著提升。总体而言，大学生创业

者成功创业的案例主要集中在网上创业、回乡创业、校园内创业、凭专业知识创业、连锁店创业和新商机创业这几个方面。同样，大学生创业者若能从别人的失败中吸取经验，可以避免很多不必要的风险，同时还可以从失败中得到启迪，总结出迈向成功的方法。

一、创业成功的经验

创业成功的经验对于创业者来说是非常宝贵的财富。通过借鉴这些经验，创业者可以更快地走向成功，实现自己的创业梦想。创业成功的经验具体包括创业者具有明确的目标与定位、时刻保持自身产品的创新与差异化、不断优化团队建设与合作、对财务与风险进行良好的管理与控制、重视市场营销与品牌建设、持续学习与改进。

创新工厂

在某大学商学院，有一个由8名大学生组成的创业团队，领头人是大四的一名学生小王。小王对团队成员的挑选非常严格，他要求所有成员必须获得过奖学金。最后，他带领7名成员成立了一家语言培训服务企业。

创业初期，由于缺乏经验，他们只开展一些小语种培训。当缺乏师资力量时，他们就邀请老师和朋友帮忙，还聘用留学生授课。到了后期，随着专业能力的提升，他们又开办了一些专业培训班，对有相关考证需求的学员进行培训和辅导。因为学员考证的通过率较高，所以找他们培训的人越来越多。即将毕业时，团队成员都在为继续留守还是就业而踌躇，最终大多数人都选择留下来。3年后，团队越做越大，在当地小有名气。

二、创业失败的经验

创业失败的经验对于创业者来说同样是非常宝贵的财富。创业者能通过创业失败的经验，规避创业过程中容易遇到的"坑"，优化创业途径，从而达到稳定经营的效果。创业失败的经验包括不明确市场需求、资金准备不足、管理不当（包括盲目扩张等）、营销策略不当（包括过度包装和不包装等）、技术或商业模式落后、法律及政策不明晰、心态和毅力不足等。

创新工厂

小马在创办公司后，一直将公司的利益放在首位。在公司成立之初，他就对合伙人许下了如下承诺。

（1）3个月之内把公司的品牌推销出去。

（2）6个月后公司开始盈利。

（3）1年后公司的利润达到50万元。

（4）3年后公司员工扩展到200人，公司每月盈利50万元。

（5）5年后公司在深圳、广州、上海等地开设分公司。

（6）10年后公司上市，并发展国外市场。

为了兑现这些承诺，小马将自己的全部精力都投入公司的运营中，积极开展市场调查，努力宣传公司的产品和业务。一开始公司经营得很好，但随着公司的发展，小马在管理方面的能力缺陷渐渐显现。他总以非常强硬的态度向共同创业的同伴下达命令，并且不听其他人的劝告，一味加大营销投入力度，不注重提高产品质量。后来，一位客户投诉其产品质量不合格，经过产品检验，他的公司停工整顿了半年，一起合作的同伴也因与他理念不合而纷纷离开了他。

创业者的决策对创业项目的发展至关重要。在决策时刚愎自用、不听劝阻，从而导致重要决策失误，这本质上也是创业者管理能力不足的一种表现。一旦管理能力不足的创业者陷入决策误区，就可能做出损害公司长远利益的决定，最终导致创业失败。

第六节　做好市场调查

深入了解市场，是创业成功的第一步。市场调查是创业者获取宝贵信息的途径，它能帮助创业者洞察市场需求，把握市场趋势，为创业者做出决策提供有力依据。创业者通过市场调查可以更好地定位产品和服务，制定出符合市场需求的发展战略。

在创业之前，创业者需要对市场进行深入的调查和研究，不仅要了解行业趋势、市场规模、竞争对手，还要关注消费者的需求和行为特点。通过收集和分析数据，创业者可以了解市场需求、竞争态势和行业趋势，从而更好地制定营销策略、发现潜在的机会和威胁，为创业做好充分准备。

一、市场调查内容

（一）市场环境调查

创业者要针对市场环境与行业状况、用户需求与目标市场状况、竞争对手与自我经营状

况等进行信息搜集，为创业计划的可行性做出科学的预测。

市场环境主要分为外部环境和内部环境。外部环境包括政治环境、经济环境、科技环境、文化环境、行业环境、地理环境等。内部环境则包括人、资金、供销渠道、信息、技术等。

（二）产品和服务调查

了解自己的产品和服务所在行业的状况，了解目前市场的容量及产品和服务在当地的消费方式、变化趋势等。产品和服务调查的内容如图 3-2 所示。

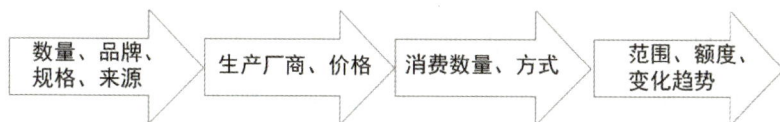

图 3-2　产品和服务调查的内容

（三）行业调查

行业调查是指针对特定行业进行研究和分析，目的是了解行业的基本情况、市场现状、竞争格局、发展趋势等。行业调查可以帮助企业和个人做出更好的决策，如选择投资领域、制定市场策略等。行业调查可以从以下方面和问题入手。

（1）所在行业有什么特点？

（2）国家与各级政府对于该行业有何政策及法律规定？

（3）哪些公司或企业已经进入该行业？它们的经营状况如何？

（4）进入该行业需要多大的成本投入？是否有足够的资金？

（5）该行业是否存在壁垒？是否能顺利进入？如何进入？

（6）进入该行业有什么优势和不足？

（7）近年来该行业总体经营状况如何？

（8）该行业的供需状况如何？市场空间有多大？

（9）该行业的竞争状况如何？

（10）该行业目前的平均利润如何？

（11）未来该行业的发展趋势如何？

（四）目标用户调查

目标用户调查是市场调查中的重要一环，它可以帮助创业者了解目标用户的需求、偏好和行为，从而更好地定位产品和服务，制定有效的营销策略。

以下是进行目标用户调查的一些建议。

（1）确定调查目标，在开始调查之前，创业者需要确定调查目标。例如，创业者可能想要了解目标用户的购买决策过程、满意度、忠诚度等方面的信息。

（2）设计调查问卷，根据调查目标，设计一份简洁明了的调查问卷。问卷应该包括开放式问题和封闭式问题，以便收集定量数据和定性数据。

（3）确定样本，根据目标市场和业务范围，确定合适的样本范围。另外，应确保样本具有代表性，能够反映目标市场的整体情况。

（4）收集数据，通过在线或纸质形式进行调查，收集目标用户的数据，确保数据的可靠性和准确性，以便分析与解读。

（5）分析数据，将收集到的数据进行整理和分析。通过统计软件或数据分析工具，对数据进行描述性和推论性分析，以揭示用户的需求、偏好和行为模式。

（6）制订行动计划，基于数据分析结果，制订相应的行动计划。例如，根据用户反馈和市场趋势调整产品定位、改进产品质量、制定有针对性的营销策略等。

（7）持续跟踪，市场调查是一个持续的过程，需要定期进行以了解市场变化和用户需求的变化。通过持续跟踪，创业者可以及时调整业务策略，从而保持竞争优势。

（五）竞争对手调查

竞争对手调查是市场调查中的重要环节，它可以帮助创业者了解竞争对手的情况，制定有效的竞争策略。

以下是进行竞争对手调查的一些建议。

（1）确定竞争对手，包括直接竞争对手和潜在竞争对手。了解竞争对手的名称、品牌形象、市场份额等信息。

（2）分析竞争对手的优势和劣势，收集关于竞争对手的数据和信息，包括产品和服务的优缺点、价格策略、营销渠道、客户反馈等。通过分析这些数据和信息，了解竞争对手的优势和劣势，以便为自己的企业制定更好的策略。

（3）了解竞争对手的市场定位及目标用户群体。这将有助于创业者确定自己的市场定位，并制定更有效的营销策略。

（4）了解竞争对手的财务状况，如果可能的话，了解竞争对手的财务状况、营收状况、利润状况等，这将有助于创业者评估竞争对手的实力和稳定性。

（5）了解竞争对手的战略目标、发展方向及业务计划。这将有助于创业者更好地预测竞争对手的动向，并制定相应的应对策略。

（6）定期跟踪竞争对手的动态，包括新产品发布、价格调整、营销活动等。这将帮助创业者及时了解竞争对手的策略变化，以便及时调整自己的战略和决策。

（7）利用市场调查工具，如市场研究报告、行业分析报告等，获取更全面的竞争对手的信息。这将帮助创业者了解整个行业的趋势和发展动态。

（六）商业模式调查

商业模式调查是市场调查的重要组成部分，它涉及对企业或产品商业模式的评估和分析，包括盈利模式、市场份额、竞争优势等方面。

以下是进行商业模式调查的一些建议。

（1）确定商业模式的类型，了解不同商业模式的类型，如 B2B、B2C 等，并根据业务选择合适的商业模式。

（2）分析市场份额，了解目标市场的总体规模和竞争对手所占的市场份额，以便评估自身企业在市场中的位置。

（3）评估盈利模式，分析企业的盈利模式，包括收入来源、成本结构、利润率等，了解企业的盈利点及如何实现盈利。

（4）了解目标用户的需求，深入了解目标用户的需求和偏好，以便生产更符合目标用户需求的产品或服务。

（5）分析竞争优势，了解企业与竞争对手相比的优势和劣势，以便制定更具竞争力的商业策略。

（6）调查销售渠道，了解企业的销售渠道和分销策略，包括线上和线下的销售渠道。

（7）评估供应链管理，了解企业的供应链管理情况，包括供应商、物流和库存管理等。

（8）考虑合作伙伴关系，考虑与合作伙伴建立关系，共同开拓市场或提供更全面的解决方案。

（9）了解法律法规，了解相关的法律法规和政策，确保企业的商业模式合法合规。

（10）制订商业计划，基于商业模式调查的结果，制订详细的商业计划，包括市场分析、竞争策略、财务预测等内容。

二、形成调查报告

对收集到的信息和数据进行整理和分析，筛选出有用的信息和数据，撰写调查报告。根据调查目的和范围，确定调查报告的结构和章节。按照确定的结构，逐章撰写调查报告。在撰写过程中，注意语言简洁明了，并用适当的图表来辅助说明，确保内容条理清晰，易于理解。在调查报告中突出重要的调查结果和发现，以便读者更好地理解调查报告的核心内容。基于调查结果，提出具体的建议和策略，制订相应的行动计划。在完成调查报告后，仔细校对和审核报告内容，确保数据的准确性和报告的完整性。根据调查报告的目的和受众，选择适当的呈现方式，如纸质版、电子版等。将最终的调查报告提交给相关的决策者或利益相关者，以便他们了解市场环境并做出决策。在调查报告发布后，定期更新和维护数据，确保报告的时效性和准确性。将调查报告存档备份，以便日后参考和查阅。

第七节　创办企业流程

大学生创业不仅能锻炼自己，还能带动整个社会的发展。因此，无论是学校还是社会都比较支持大学生创业。那么，大学生创业的途径有哪些？创业的一般流程又是怎样的？

一、大学生创业的途径

大学生的创业途径大致可分为团队创业、大赛创业、兼职创业、概念创业四种。

（一）团队创业

团队创业是指由能互补或有共同兴趣的成员组成团队而进行的创业。团队创业成功的概率远高于个人独自创业。一个在研发、技术、市场、融资等方面能互补的创业团队，是创业成功的法宝，对高科技创业企业而言尤其如此。

（二）大赛创业

大赛创业是指创业者利用各种创业大赛获得资金支持而进行的创业。因此，创业大赛又被比喻为创业孵化器。

创业大赛不仅为大学生创业者提供了平台，还为其提供了锻炼能力、转变思想观念的宝贵机会。通过创业大赛，大学生创业者可以熟悉创业的流程，积累创业经验，储备创业相关的知识。

（三）兼职创业

兼职创业是指大学生或在职人员在学习或工作之余进行的创业。例如，全职员工在业余时间开设了一家线上服装店；大学教师创办高考志愿填报指导机构，担任导师为高考生填报志愿提供指导。一般来说，兼职创业最好选择自己熟悉的专业领域。

（四）概念创业

概念创业是指凭借创意、点子或想法进行创业。创业概念只有标新立异才能抢占市场先机，吸引投资者的眼球。概念创业适合具有强烈创新意识但缺乏资源的大学生创业者，他们可以通过独特的创意来获得包括资金、人才等方面的各种资源。

二、企业的类型

创业企业的组织形式不同，对大学生创业者的要求也不同。企业是指依法设立的、以营利为目的、从事生产经营活动的独立核算经济组织。按照企业的组织形式，企业可以划分为个人独资企业、合伙企业和公司制企业三类，下面分别进行介绍。

（一）个人独资企业

个人独资企业简称独资企业，是指个人出资经营、归个人所有和控制、由个人承担经营风险和享有全部经营收益的企业。个人独资企业是一种很传统的企业组织形式，至今仍被广泛运用，主要盛行于零售业、手工业、服务业和家庭作坊等。

（二）合伙企业

合伙企业是指由两个或两个以上的自然人通过订立合伙协议、共同出资经营、共负盈亏、共担风险的企业。

（三）公司制企业

公司制企业可以分为有限责任公司和股份有限公司。

1. 有限责任公司

有限责任公司又称有限公司，是指由符合法律规定的股东出资组建，每个股东以其所认缴的出资额为限对公司承担有限责任，公司法人以其全部资产对公司债务承担全部责任的经济组织。

2. 股份有限公司

股份有限公司是指以公司资本为股份所组成的公司。设立股份有限公司，应当有 2 人以上 200 人以下为发起人。股份有限公司注册资本的最低限额为 500 万元。

---------------- ///////////// **创新工厂** ///////////// ----------------

学过室内设计的李琴想开一个设计工作室，但由于资金不足，她决定先就业再创业。李琴出色的设计作品，让她在人才市场上很快就得到了 4 家设计公司的青睐，经过对比考虑后，李琴最终选择了一家当地的平面设计公司——新人家装饰公司。在新人家装饰公司工作了两年后，李琴便辞职开始创业了。为了节约成本，李琴在一栋旧写字楼里租了一间小办公室，然后在网上购买了二手的办公桌椅、文件柜等设备，还从计算机市场买了一台彩色打印机，总共花费不到 1 万元。

一切工作准备就绪后，李琴却在选择企业的组织形式时犯了难，她不知道当前的创业项目应该选择哪一种组织形式。在查阅了企业组织形式的介绍和办理流程后，她决定成立个人独资企业，因为建立与解散程序比较简单，并且经营管理方式灵活自由。最后，李琴前往登记机关提交了相关文件，办理了个人独资企业的注册手续。

三、创业的发展阶段和关键步骤

从宏观上讲，创业可分为三个发展阶段；从微观上讲，创业要经历六个关键步骤。创业者要有所了解，特别是六个关键步骤，走好每一步，循序渐进。

（一）创业的三个发展阶段

1. 作坊式——初始阶段

初始阶段，也称为创业阶段。在这个阶段，企业刚刚成立，正在寻找自己的定位和商业模式。由于企业规模较小，管理结构简单，创业者通常需要身兼数职，负责各项业务。在这个阶段，企业面临着许多不确定性和风险，需要创业者不断地探索和尝试，逐步建立起自己的客户基础和市场地位。

2. 规范化——成长阶段

当企业在初始阶段取得一定的成功和经验后，便进入了成长阶段。在这个阶段，企业开始扩大规模，增加人员，扩大业务范围，逐渐形成自己的品牌和竞争优势。企业需要不断投

入资源，扩大市场份额，提高盈利水平。同时，企业也需要加强内部管理，优化组织结构和业务流程，以适应快速发展的需要。

3. 规模化——成熟阶段

当企业成功地度过成长阶段并稳定发展一段时间后，便进入了成熟阶段。在这个阶段，企业的各项业务已经相对稳定，所占的市场份额较大，盈利水平也保持在较高的状态。企业需要进一步加强内部管理，提高运营效率，巩固并扩大市场份额。同时，企业也需要不断创新和探索新的业务机会，以保持持续稳定的增长。

（二）创业的六个关键步骤

创办一家企业通常需要经历六个关键步骤，如图 3-3 所示。前四步是基础步骤，其中第一步发现商业契机非常有挑战性，把企业的第一步走对非常重要；后两步是常规步骤，更考验创业者创业经验和创业知识的积累。

图 3-3　创业的六个关键步骤

1. 发现商业契机

关注市场趋势和用户需求的变化，了解目标用户的需求和痛点；观察市场需求，发现潜在的商业机会，选择合适的创业项目；同时秉持严谨的态度，结合自身的情况对行业进行细致分析，挖掘合适的商业契机。

2. 制订商业计划

经过周密思考，制订一个较为全面的企业经营计划与实施计划。

3. 组建创业团队

对将要从事的行业进行调研，分析商业计划的可行性，在条件允许的前提下，还可以邀请专业人士参与可行性论证。

4. 寻求资金来源

资金来源主要包括自筹资金、天使投资、众筹资金、风险投资、银行贷款。

5．组建初创公司

确定公司的类别、名称、经营范围和组织形式后，准备启动运营。

6．经营初创公司

组建创业团队，确定合作原则，持续优化产品、服务和运营流程。

第四章 创业的核心内容

【**素养目标**】本章旨在通过讲解创业的核心内容，促使大学生全面掌握创业所需的技能和知识，成为具有创新思维、团队合作能力和市场洞察力的创业者，为未来的创业之路打下坚实的基础。

创业需要的条件有很多，但是核心内容无外乎以下四个方面：产品、团队管理、商业模式、市场营销。本章的学习有助于提高大学生创业成功的概率，增强其创业的信心和决心，提升其综合素质和能力，促进其就业观念的转变。因此，在大学生创新创业教育中，要重点加强对大学生关于团队管理、商业模式、市场营销的指导与教育。

第一节 创业的关键和核心

创业不是一件某个人有了想法、有了项目或有了资金就可以开始干的简单的事情。创业不是新生事物，它有自身简单朴素的内在规律。很多时候，不管多么高深的事物，都离不开简单朴素的规律。有的时候，往往背后的规律对了，做的事情也就对了。在深入学习新领域的知识之前，要先了解事物背后的规律及方法论，并树立正确的价值观，这比立刻执行重要得多。

一、企业九字诀

创业过程中我们必须先了解企业九字诀，即价值观、方法论和执行力，如图 4-1 所示。

价值观决定企业的经营方向。

方法论是思维模式，是企业操作执行的依据。遵循一定的方法论在某种程度上可以帮助创业者少走不少弯路。

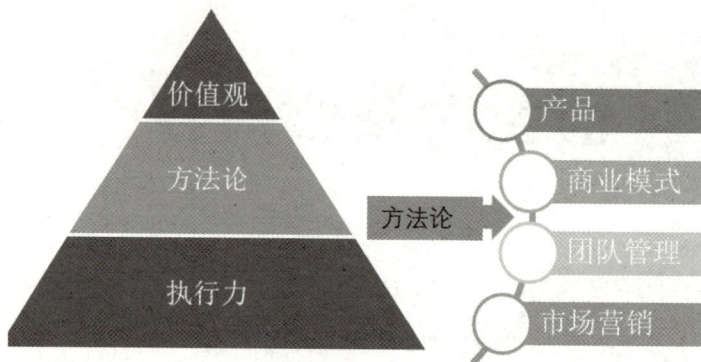

图 4-1　企业九字诀

执行力是企业从探索创建到成功的必要条件，积极执行、勇于试错往往比空洞的想象实际得多。

二、创业的三大核心内容

企业九字诀中，最关键的就是方法论，它主要涉及四个方面，分别是产品、商业模式、团队管理和市场营销。其中，商业模式、团队管理和市场营销是创业的三大核心内容。在第一章中，大部分笔墨都在强调创意想法，而产品就是创意想法落地后形成的实体，创业的三大核心内容就是让产品实体能商业化落地的方法论。方法论不但能提供专业的思维模型、方法工具，而且可以帮助创业者构建专业的思维模式。在众多方法论中，创业者需要特别关注三大核心内容。

对于创业者而言，商业模式是创业的第一步思考，团队管理是创业的人员组织实施，市场营销是创业的商业实施。创业的产品从实体到商业化落地，需要这三驾马车齐头并进，缺一不可。它们彼此之间互相关联，互相影响。产品的创意实现需要有明确的价值主张、准确对应的目标用户、明确的自身资源优势、客观的现状分析、有针对性的市场营销策略等。这里的价值主张决定着后续商业模式的方向、人员的选择和管理、市场推进的方式，最终促成商业化落地的实现。因此，充分了解三者的内容和关系，对运用其指导商业化落地有切实的帮助。

在团队管理、商业模式和市场营销这三大核心内容中，如果要分优先级，投资者较看重的是团队管理和商业模式，投资一个项目先关注团队，包括团队的激情、创始人的眼界和志向及其组织实施能力。这些都是衡量团队的重点。有了团队之后，再看商业模式。

在企业成立之初，创业者应多花时间思考企业的价值观，在正确的价值观的指导下，运

用一定的方法论，推动企业迅速步入正轨。因此，创业者除了前期的准备，还要加强对核心内容的学习和把握。

第二节　团队管理

创业所面临的环境是复杂多变的，一个人很难应对各种错综复杂的形势，这就需要寻找志同道合的创业伙伴，组建一支优秀的创业团队。

创业团队是指在创业初期（包括企业成立前和成立早期），由一批志同道合、理念统一、责任共担、目标相同的人所组成的特殊群体。人是团队最核心的要素，只有对人的管理得当，企业才能够快速发展，蒸蒸日上。

一、创业团队

理想的创业团队是指具有稳健性、可持续性、抗风险性的创业团队。与人相关的管理工作都不容易，但精良的团队就像车辆的发动机，能推动企业快速发展。

（一）组建创业团队需要考虑的因素

创业团队是为创业而组成的群体。团队成员有共同的创业目标，共担创业风险，共享创业利益。组建创业团队一般需要考虑三个重要因素，即共同的价值观、共同的创业目标和准确的定位。

1. 共同的价值观

共同的价值观是创业团队成立和存在的基石，对团队成员具有导向、凝聚、约束和激励作用。如果团队成员有共同的价值观，那么在创业初期，团队成员就会团结一致，齐心协力地向创业目标迈进。

2. 共同的创业目标

一个既定的共同的创业目标能为团队成员指引方向。在初创企业中，目标常以初创企业的愿景、战略等形式体现。

3. 准确的定位

定位有两方面的含义：一方面是指创业团队在初创企业中所处的位置，创业团队对谁负责等；另一方面是指成员个体在创业团队中所扮演的角色等。

团队成员是创业成功的关键因素，只有适合创业的人员加入创业团队，才能保证企业的稳健发展，否则可能会对企业的经营发展产生不利影响，因此创业者要谨慎选择团队成员。

（二）常见的创业团队的类型

基于不同的商业模式和产品特点，创业团队有很多种类型，每家企业又会根据自身情况进行具体的调整。这些团队类型并没有好坏之分，仅仅在动态调整中来适应不断变化的团队组合及时下需求。根据团队成员的角色、技能和经验，创业团队可分为以下几种类型。

1. 技术型团队

这种类型的团队以技术人才为主，通常包括工程师、程序员、设计师等。他们负责产品或服务的研发、设计和优化。技术型团队的优点是技术能力强，能够提供高质量的技术解决方案；缺点是可能缺乏商业意识。

2. 营销型团队

这种类型的团队以市场营销人才为主，通常包括销售人员、市场推广人员、品牌管理人员等。他们负责产品的销售和推广，以及建立品牌形象。营销型团队的优点是商业意识强，能够提供市场导向的建议；缺点是可能缺乏技术能力。

3. 综合型团队

这种类型的团队同时拥有技术类、营销类、管理类人才等，能够提供全面的创业支持。综合型团队的优点是技术能力和商业意识都很强，能够提供全面的解决方案和管理支持；缺点是可能缺乏专业人才。

4. 导师型团队

这种类型的团队以经验丰富的导师为主，通常包括企业家、投资人、行业专家等。他们提供创业指导和支持，帮助创业者解决遇到的问题和挑战。导师型团队的优点是经验丰富，能够提供实用的指导和建议；缺点是可能缺乏实时支持。

以上是几种常见的创业团队的类型，每种类型都各有其优缺点。创业者在选择适合自己团队的类型时，需要根据自身情况和发展需求来做出选择。

（三）贝尔宾团队角色理论

剑桥产业培训研究部前主任贝尔宾博士和他的同事们经过多年的研究与实践，提出了著

名的贝尔宾团队角色理论，即一支结构合理的团队应该由八种角色组成，后来修订为九种角色。贝尔宾团队角色理论认为，高效的团队工作有赖于默契协作，团队成员必须清楚其他人所扮演的角色，了解如何互相弥补不足，发挥优势。成功的团队协作可以提高生产力，鼓舞士气，激励创新。贝尔宾团队角色理论如图4-2所示。

思考型

PLANT (PL) 智多星
贡献：充满创意，富有想象力，善于解决疑难。
可容许的缺点：忽略现实琐事，过分沉迷于自我思维而未能有效表达。

MONITOR EVALUATOR (ME) 审议员
贡献：深思熟虑，识辨力强。周洋考虑选项，判断准确。
可容许的缺点：可能欠缺鼓舞他人的动力和能力，过于批判。

SPECIALIST (SP) 专业师
贡献：专心致志，能够提供不易掌握的专业知识和技能。
可容许的缺点：贡献集中于专业领域上，过分专注技术领域。

行动型

SHAPER (SH) 鞭策者
贡献：善于推动，充满活力，能够承受压力，具备克服障碍的驱动力和勇气。
可容许的缺点：容易触怒别人，不顾他人感受，可能会冒犯他人。

IMPLEMENTER (IMP) 执行者
贡献：实际、可信、高效，能有组织性地工作，把想法转化为实践行动。
可容许的缺点：不喜欢变化，可能欠缺弹性，面对新机会反应迟缓。

COMPLETER FINISHER (CF) 完成者
贡献：勤勉苦干，渴求完美，善于发现错漏，能够准时把事情办妥。
可容许的缺点：过分焦虑，不愿别人介入自己的工作。

社交型

RESOURCE INVESTIGATOR (RI) 外交家
贡献：外向、热诚，善于沟通。能够探索新机会，开拓对外联系。
可容许的缺点：过分乐观，一旦初期的热忱减退，可能会失去兴趣。

CO-ORDINATOR (CO) 协调者
贡献：冷静、成熟自信，能达致目标，要事优先，善于鼓励他人，能有效授权。
可容许的缺点：或许会被视为操纵欲强，玩弄手段，推卸个人职责。

TEAMWORKER (TW) 凝聚者
贡献：忠诚合作，感觉敏锐，成熟老练，善于聆听和避免摩擦。
可容许的缺点：紧迫情况下可能优柔寡断，逃避对抗。

图4-2 贝尔宾团队角色理论

（四）优质团队的特征

初期的创业团队不同于成熟的团队，会更加频繁地面临新的挑战和新的机遇，需要不断根据目标进行调整以求达到更好的效果。一个优质的团队，在面对挑战时能够很好地合力直面挑战、化解危机；面对机遇与短期利益时，也能够秉承初心，踏实地打磨自己的产品。

1. 愿景统一，价值认同

相比于多数成熟企业按部就班的工作，创业团队需要在不断探索中对组织结构和产品不断进行优化，这就意味着每个人都需要有很强的自我驱动力才能推动组织的集体进步，而这种自我驱动力多数情况下来自个人的价值认同。

2. 沟通无阻，相互信任

创业团队面临的一个重要挑战就是与时间赛跑。面对每天都在变化的市场环境，除非是绝对的"蓝海"市场，否则很容易被竞争对手超越甚至替代。基于这样的客观条件，提升效率成为创业团队首先要解决的问题。而在团队合作的过程中，沟通占据了很大比例，能够高效沟通的团队往往能更快地解决问题、产出成果。

3. 接受不同，敢于试错

创业者组建团队时，会不由自主地选择和自己经历类似的伙伴，这种"类己"偏好是人的正常心理。但对于创业团队而言，越能融合各种特质的成员、接受不同特质的伙伴，就越稳定，也越有利于创新。

4. 拥抱变化，追求完美

变化是唯一不变的事情，对于创业团队来说也是如此。由于多数创业团队初期都是摸着石头过河的，很多时候可能为了完成工作连续通宵奋战，而大环境的突然变化会让不可预料的情况经常发生，从而导致创业失败。因此，创业团队要有拥抱变化的正向心态，接受变化，团队成员也应随着变化而调整。

5. 多想一步，主人翁精神

初创团队不像成熟团队已经有了相对清晰、明确的分工，很多时候每位成员都要担负超出本岗位职责的工作与责任。而在这样的压力与挑战下，成员要体现出非常好的主人翁精神：积极主动地承担更多工作，具有奉献精神、责任意识、集体观念，以解决问题为核心目标。

////////// 创新工厂 //////////

一个理想的团队就应该像"唐僧团队"一样有四种角色：德者、能者、智者、劳者。德者领导团队，智者出谋划策，能者攻克难关，劳者有力执行。"唐僧团队"最大的优势就是互补，虽然历经九九八十一难，但最终还是修成了正果。

德者居上。唐僧具备三大领导素质：一是目标明确，善定愿景；二是手握紧箍，以权制人；三是以情感人，以德化人。团队领导一定要学会进行情感投资，要多与下属交流、沟通，

关心团队成员的衣食住行，营造一种家庭的氛围。

能者居前。孙悟空称得上是优秀的职业经理人，他有个性、有想法、执行力很强，也很敬业、重感情，懂得知恩图报。

智者在侧。猪八戒是一个比较好的辅助型人才，虽然功夫远不及孙悟空，但性格平和开朗，心态极好，为人大度，沟通能力强，多次在关键时刻协助团队战胜妖魔，立下功劳。

劳者居下。沙僧是个很好的管家，他经常站在孙悟空这一边说服唐僧，但当孙悟空说出不敬的言语时，他又马上斥责孙悟空，维护唐僧，可谓忠心耿耿。沙僧属于忠诚度高但能力欠缺的人才，企业应将其放在适当的位置，但不能过于重用。

总体来说，"唐僧团队"之所以能取得辉煌成绩，关键在于团队成员目标统一，并且能够优势互补，每个人都能发挥自己的作用，为实现最终目标而努力。

二、组建创业团队

创业团队的组建是一个复杂的过程，不同类型的创业团队在组建过程中会有不同的侧重点，但其过程大致是相同的。

（一）组建步骤

1. 寻找志同道合的成员

寻找团队成员的基础是志同道合、目标一致。共同的目标和经营理念可以将不同的团队成员凝聚在一起。此外，团队成员在性格、技能、知识等方面最好能形成互补，这种互补有助于加强团队成员间的合作和团队战斗力。

2. 明确创业目标

创业团队首先要制定一个明确的、鼓舞人心的创业目标，使各成员在目标方面达成一致。当团队成员对未来拥有共同愿景时，就会向着共同目标努力奋斗。

3. 创业团队职权划分

创业团队职权划分是指根据创业计划的需要，具体确定每个团队成员所担负的职责和享有的权限。团队成员之间职权的划分必须明确，既要避免重叠和交叉，又要避免遗漏。

4. 构建创业团队制度体系

创业团队制度体系体现了创业团队对成员的控制和激励能力，主要包括各种约束制度和各种激励制度。

（1）创业团队通过各种约束制度（主要包括纪律条例、组织条例、财务条例、保密条例等）指导成员，避免成员做出不利于团队发展的行为，实现对成员行为的有效约束，保证团队的稳定。

（2）创业团队要实现高效运作需要有效的激励制度（主要包括利益分配方案、奖惩制度、激励措施等），激励制度能使团队成员切实体会到创业带来的利益，从而充分调动团队成员的积极性，最大限度地发挥团队成员的作用。实现有效激励的前提是把团队成员的收益模式界定清楚，尤其是股权等与团队成员的重大利益密切相关的事宜。

（二）创业团队的组建原则

创业者在组建创业团队前需要了解组建原则，只有这样才能使团队构成更加合理，最大限度地发挥团队成员的作用。创业团队的组建原则具体如下。

1. 目标明确合理原则

只有具有明确、合理、切实可行的创业目标，才能使团队成员清楚地认识到共同的奋斗方向，才能真正起到激励作用。

2. 能力互补原则

创业者之所以要组建团队，是因为要弥补创业目标与自身能力之间的差距。只有当团队成员相互在知识、技能、经验等方面实现互补时，才有可能通过相互协作发挥出"1+1>2"的协同效应。因此，团队成员之间要做到诚实守信、取长补短、分工协作。

3. 精简高效原则

为了减少创业期间的运作成本，使各成员享受到更多创业成果，团队成员应在保证企业高效运作的前提下，使工作流程尽量精简。

4. 动态开放原则

创业是一个充满了不确定性的过程，团队中有成员可能由于能力、观念等方面的原因离开，同时也会有新成员加入。因此，创业者在组建创业团队时，应注意保持团队的动态性和开放性，使真正适合的成员留在创业团队中。

（三）组建渠道

1. 校园渠道

对于大学生创业者而言，社会关系相对比较简单，人脉资源匮乏，同学是很重要的寻找

伙伴的渠道。除了同学，校友甚至老师都可以成为项目的合伙人。

2．兴趣社团渠道

创业者在社会团体、俱乐部、相关公益组织中一般都能找到志同道合的人，并且大家的背景相对比较多元，能够满足"和而不同"的团队组建要求。

3．专业技术圈

如果创业是以技术为核心的，而团队中又缺少满足要求的专业技术人才，那创业者可以多参与一些专业技术圈的交流活动，一方面了解现在的技术进展，另一方面可以与相应技术圈保持良好沟通，以积累人才资源。

4．投资者

对于创业者来说，投资者是积累人脉的重要渠道。通常，投资者在投资创业项目时，会专注于某一个领域。找到目标领域相对比较熟悉的投资人，如果能够取得投资人的信任，从他手中获得联合创始人的资源，也是个不错的选择。

三、创业团队管理的内容

一个成功的创业者应当具备领导、管理团队的能力，一般而言，创业团队管理主要包括以下内容。

（一）注重人才培养

培养适合企业发展的精英型人才，组建人才岗位梯队，不但可以提升团队的凝聚力和战斗能力，而且一旦出现职务空缺，创业者能很快找到合适的替补人选，从而减少因人员更换给企业带来的损失。

（二）团队执行力

执行力是团队成员自动、自发地为取得有价值的成果而不断努力的强烈意愿。执行力是衡量创业团队是否优秀的关键指标之一。应该如何提高创业团队的执行力呢？可以从以下五个方面切入。

1．职责明确

制定清晰的职责分工制度，明确岗位职责。让每一位成员都明确自己所处岗位的职责范围，认真负责地履行工作职责。

2. 赏罚分明

在明确成员的工作目标和工作标准之后，就可以制定奖惩制度了，做到赏罚分明。

3. 过程控制与监督

把工作过程分解成多个步骤，按步骤去完成，增加工作的透明度，以便对其进行控制与监督。

4. 限定完工期限

每个项目都要限定具体的完工期限，到期必须完成。

5. 监督工作质量

在执行方案的过程中，一定要监督成员的工作质量是否符合要求，避免质量不过关。

（三）股权分配管理

创业团队组建后，面临的关键问题之一就是如何进行团队成员间的股权分配。股权分配是对企业利益分配方式的约定，它有助于维持团队的长期稳定和企业的长远发展。在进行股权分配时，创业者应遵循以下三项原则。

1. 重视契约精神

在创业之初，创业者就要把股权分配方案以公司章程的形式确定下来，并以合约的形式明确团队成员的利益分配机制，从而保证创业团队的长期稳定。

2. 遵循贡献决定权利原则来分配股权

首先，创业者可以依据出资比例来制定股权分配方案；其次，对于没有投入资金，但持有关键技术的团队成员，则可以以技术的商业价值来计算其股权份额。

3. 控制权与决策权统一

股权分配本质上是对公司控制权的分配。在创业初期，控制权和决策权的统一至关重要。初创企业持股最多的团队成员不享有公司的控制权是非常危险的，该成员可能会更关注企业的长远发展，容易就决策问题与其他成员发生冲突，进而引发团队矛盾。

（四）内部冲突管理

创业团队的内部冲突是指成员间在人际关系或感情方面出现紧张情绪，主要表现为任务冲突、过程冲突、关系冲突或情感冲突。

其中，过程冲突主要是团队成员关于完成工作任务过程中的手段和方法的分歧；关系冲

突或情感冲突则更加情绪化，主要特征是敌对和愤怒。创业团队的内部冲突如果保持在一个合理的范围内，是可以满足企业多样化和创造性的需求的，但如果内部冲突超出一定范围，则会给创业团队带来负面影响。

（五）建设团队文化

一个创业团队要想实现超越，就一定要建设可以传承的团队文化。团队成员可以新老更替，产品也可以更新换代，只有团队文化可以不断传承、发扬。一个优秀的创业团队应具备以下三种团队文化。

1. 勇气文化

创业过程中会遇到很多意想不到的困难，团队成员要有知难而上的勇气，敢于直面困难，敢于探索未知领域，并要能勇敢地面对失败。

2. 忠诚文化

团队成员只有忠诚于团队，才会为团队的发展贡献全部的才智。但也只有通过团队的成功实现个人价值并获得利益后，成员才会忠诚于团队。因此，创业者应设计合理的薪酬体系，建设具有凝聚力的团队文化，来提高团队成员的忠诚度。

3. 学习文化

团队成员在创业过程中需要不断地学习，努力吸收一切对创业有利的知识、技能和经验。团队成员只有善于学习才会发展得更好。

（六）团队激励

创业是充满艰辛的，所以团队成员间容易产生分离倾向，管理上稍有松懈就很可能导致团队绩效大幅度下降，因此创业者需要定时对团队成员进行有效激励。

1. 团队激励原则

团队激励原则主要有以下五项。

（1）公平。公平是团队激励中一项非常重要的原则，任何不公平的待遇都会影响团队成员的情绪和工作效率，并会影响激励效果。如果团队成员取得同等成绩或犯了同样的错误，创业者就应给予同等或同样的奖励或惩罚。创业者一定要秉持着公平的态度来处理团队成员的问题，在工作中对成员要一视同仁。

（2）奖惩及时。奖惩的时效性比奖惩的力度更重要。在团队成员有良好表现时，创业者要及时给予奖励，越及时越好，否则奖励的效果就可能大打折扣。

（3）灵活。团队成员不同，需求不同，而激励效果往往取决于团队成员需求的被满足程度，因此激励策略要具有灵活性。对于期望升职且能力达标的成员，创业者可以用升职来激励；对于期望高物质回报的成员，创业者可以用高薪和奖金来激励。

（4）差异。贡献程度不同，奖励程度也应有所不同。贡献大则奖励多，贡献小则奖励少，无贡献则没有奖励。只有这样，才能真正调动团队成员的积极性，才能使他们为获得更多的奖励而努力奋斗。

（5）适度。奖励和惩罚过度不仅会影响激励效果，还会增加激励成本。奖励太重会使团队成员产生骄傲自满的情绪，失去进一步提高自己的欲望；奖励太轻则起不到激励效果，让团队成员失去工作热情。惩罚太重会让团队成员感到失落，感情受到伤害；惩罚太轻则无法使团队成员认识到错误的严重性，起不到警示作用。因此，适度的奖惩措施至关重要。

2. 团队激励方法

团队激励方法主要有以下三种。

（1）团队文化激励。创业者可以通过塑造团队形象、品牌价值和团队认同，打造团队文化，增强创业团队的竞争力和凝聚力，使团队成员与整个创业团队紧密联系在一起。

（2）权力与职位激励。团队成员参与创业不仅是为了追求经济利益，还是为了获得成就感，以及权力和地位上的满足感。因此，创业者可以多给予团队成员一些实际的权力，增强其成就感。

（3）经济激励。经济激励包括奖金和期权等。其中，奖金代表短期经济激励，具有很强的针对性和灵活性；期权代表长期经济激励，在未来可能会为团队成员带来丰厚的回报。因此，将二者结合起来会使经济激励发挥出最大效力。

第三节　商业模式

创业之初，创业者最需要重点设计和思考的核心内容就是商业模式，这也是整个创业过程的难点之一。成功的商业模式往往充满创新的"基因"，同时又符合当下消费时代的市场规律。天马行空的点子和可落地实施的方案要完美结合，才能达到预期效果。创业者借助商业模式设计工具——商业画布，完成商业模式的设计，同时配合头脑风暴法、可视化思维等工具和方法，激发更多创意，以解决和应对创业过程中不断出现的问题和挑战。所谓好的商业模式，其实就是最适合的商业模式，而这也是创业者在不断试错、打磨、验证中寻找和摸索出来的。

一、概念

商业模式是一个比较宽泛的概念，与其相关的说法有很多，包括运营模式、盈利模式等。一般认为，商业模式是指企业整合资源与能力，进行战略规划，以充分开发创业机会，并且实现利润目标的内在逻辑。商业模式的内在范围涵盖了企业的整个运营流程，它是一个整体的、系统的概念，而不仅仅是一个单一的组成因素，它是由研发、生产、营销、融资等相关联的价值活动所构成的。

简单来说，商业模式就是企业满足消费者需求的一个系统。这个系统组织管理企业的各种资源，包括资金、原材料、人力资源、创新力等，能够提供给消费者无法自力生产而必须购买的产品或服务。因此，它具有自己能复制而别人不能复制，或者自己在复制过程中能够占据市场优势地位的特性。

创新工厂

海尔集团董事局前主席张瑞敏认为，商业模式说到底就是消费者价值最大化，只要符合了这一点就没问题。如果脱离了消费者价值最大化，那么搞各种复杂的模型和公式都没有用。商业模式是一种让消费者和企业双赢的方式，不是一个模型。

二、商业模式设计的基本要求

一个好的商业模式通常应符合定位精准、扩展快、壁垒高、风险低四项要求。因此，在设计商业模式时，企业应重点从这四个方面切入。

（一）定位精准

定位精准的核心是找到一个差异化市场，并为这个市场提供满足需要的、有价值的、独特的产品，让消费者愿意为之付费。

为了确保定位准确，企业需要考虑以下六个基本问题。

（1）是否进行了差异化的市场分析？

（2）是否为目标市场创造了价值？

（3）是否确定了独特的市场定位？

（4）是否设计出了消费者所需要的产品或服务？

（5）产品本身为消费者创造了怎样的价值？

（6）消费者为什么愿意认可该价值并付费？

当然，不是随意找一个细分市场并提供优质的产品和服务就可以成就一个优秀市场的，关键在于寻找一个可持续增长、规模大、发展快速的市场，这才是优秀市场定位的一个重要标准。

（二）扩展快

扩展快是很多企业在设计商业模式时容易忽略的问题。这里所说的扩展主要是指收入是否快速增长，这也是衡量商业模式能否迅速扩大的关键因素。

所有企业的收入规模基本上都取决于消费者数量及消费者平均贡献额两个因素。要想快速增长，就要制定能快速增加消费者数量或提高消费者平均贡献额的各种策略。但从商业实践的角度来看，真正起到关键作用的还是消费者数量，如果消费者数量太少，那么从单个消费者身上获得再高的收入也没有意义。

（三）壁垒高

好的商业模式一定要和自身的优势紧密结合起来，最好是有独特的优势，构筑出较高的竞争壁垒。很多企业之所以发展到一定阶段就会出现瓶颈，就是因为忽略了竞争壁垒的问题，因此很容易被其他企业赶超。

（四）风险低

设计商业模式时，还要综合评估企业可能面临的各种风险。在评估风险时，需要考虑以下五个方面。

（1）是否存在政策及法律风险？

（2）是否存在行业竞争风险？

（3）是否有潜在的替代品威胁？

（4）是否已经存在价值链龙头？

（5）是否存在行业监管风险？

这些都是考虑企业所面临的风险时需要注意的问题。评估风险的最终目标是要识别出所有可能的风险，制定相应的策略，使风险保持在可控范围内。

商业模式设计的基本要求有很多，不仅仅包括上述四项。另外，商业模式的设计既不是一蹴而就的，也不是一成不变的，它需要企业在实践中不断尝试、不断修正，甚至不断试错才会日趋完美。

三、商业画布

埃里克·莱斯提出的精益创业理论为企业提供了探索商业模式的理论支持。精益创业理论的核心思想是，企业首先要集中资源开发符合核心价值的产品，然后通过不断学习和有价值的用户反馈对产品进行快速迭代，以适应市场需求，最后实现企业的良性发展，使企业投入较少的资源就能够实现成功。

对初创企业而言，商业画布是一个非常优质的工具，利用此工具可以清晰地梳理商业模式。商业画布基本要素布局如图 4-3 所示。

关键合作伙伴	关键业务	价值主张	客户关系	客户细分群体
	核心资源		分销渠道	
成本结构			收入来源	

图 4-3　商业画布基本要素布局

（一）价值主张

价值主张是指企业通过其产品或服务向客户提供的价值。价值主张确认了对客户的实用意义。企业确定价值主张时，应考虑向用户提供什么样的价值、帮助用户解决哪些难题、满足用户的哪些需求等。

（二）客户细分群体

客户细分群体是指企业所针对的客户群体。这些群体具有某些共性，从而使企业能够针对这些共性创造价值。定义客户细分群体的过程被称为市场划分。企业定义客户细分群体时应考虑正在为谁创造价值、谁是企业最重要的客户等。

（三）分销渠道

分销渠道是指企业用来接触客户的各种途径。它阐述了企业如何开拓市场，还涉及企业分销渠道的类型和阶段。企业建立分销渠道时，应考虑渠道应该如何整合、哪些渠道最有效、哪些渠道经济效益最好、如何把渠道和客户的联系与沟通过程进行整合等。

（四）客户关系

客户关系是指企业和它的客户群体之间所建立的关系。我们所说的客户关系管理即与此相关。企业建立客户关系时应思考每个客户细分群体希望企业与之建立和保持何种关系、建立这些关系的成本如何、哪些关系已经建立、如何把客户关系与商业模式的其余部分进行整合等。

（五）关键合作伙伴

关键合作伙伴是指企业同其他企业为有效提供价值并实现商业化而形成的合作伙伴网络，描述了企业的商业联盟。

（六）核心资源

核心资源是指企业所控制的、能够使企业设计好的战略得以实施，从而提高企业经营效益的资源。它包括全部的财产、能力、竞争力、组织程序、企业特性、数据、信息、知识等。

（七）关键业务

企业通过执行一些关键业务来运转商业模式。企业执行关键业务时，应考虑价值主张需要哪些关键业务、建立客户关系需要哪些关键业务、取得收入需要什么样的核心资源等。

（八）收入来源

收入来源是指企业通过各种收入来创造财富的途径。收入来源的定价方式主要有固定定价及动态定价两种。企业确定收入来源时应考虑什么样的价值能让消费者愿意付费、消费者更愿意如何支付费用、每种收入来源占总收入的比例是多少、消费者如何支付费用等。

（九）成本结构

成本结构是对企业所使用的工具和方法的货币描述。企业建立成本结构时，应考虑哪些核心资源和核心业务花费最多、如何协调固定成本和可变成本的关系等。

第四节　市场营销

一、创业营销

对大多数创业者而言，要想创业成功，除了需要优秀的团队成员、充足的资金和好的项目，

还需要通过有效的创业营销来获得创业所需的各种资源。创业营销就是创业者凭借创业精神、创业团队、创业计划及创新成果，获取企业生存发展所必需的各种资源的一种崭新的创业模式。创业营销要求创业者不仅要对沟通活动做出反应，还要经常根据市场变化发现新的价值来源，从而为企业发现新市场。

创业营销本质上是指在不确定的市场环境下，企业为把握市场机会、突破资源束缚、创造消费者价值而实施的营销新模式。创业营销整合了市场营销和创业管理两方面的内容，在市场导向的基础上，更加强调机会驱动、理性冒险、资源整合、持续创新、超前行动。因此，创业营销更具灵活性和环境适应性。

互联网的发展给企业带来了新的机遇与挑战，在这种全新的营销背景下，创业营销理念为创业企业提供了竞争优势。由此可见，互联网与创业营销之间存在内在耦合性，主要体现在以下三方面。

（一）互联网环境对创业营销运作的影响

互联网的应用及普及给传统营销带来了颠覆性的变革，这种变革不仅体现在创业企业外部环境、目标市场、细分市场、营销战略等运作模式的改变上，还体现在互联网与创业营销的适应动态市场环境、应对多样化的消费者需求、创造性地利用资源创新等方式的一致性上。

（二）互联网环境下创业营销要适应消费者的变化

在互联网环境下，消费者的变化主要体现在消费者范围、消费者偏好、消费者行为三个方面。

（1）从消费者范围来看，与传统的营销方式相比，在互联网背景下企业的营销机会更多，因此企业应重新定义消费者范围，明确细分市场。这一点与创业营销的机会驱动特点十分吻合。

（2）从消费者偏好来看，对特定的消费者群体而言，许多新的因素成为其关注的焦点，如支付风险因素、配送因素等。由此可见，企业能否快速地适应消费者的变化对于营销能否成功十分重要。

（3）从消费者行为来看，互联网环境下的消费者不再是产品和服务的被动接受者，而是营销的主动参与者。例如，通过互联网，消费者可以参与产品的开发设计过程。

（三）创业营销能适应互联网环境下的竞争同质化和迅速化

与传统营销环境相比，互联网环境下的竞争状况变化要求企业实施创业营销。从市场进入来看，互联网的开放性使许多中小型企业有机会加入国际市场并参与竞争，在这种经济环境下，机会更加均等。许多中小型企业可能通过创业营销获得超常规的发展。从竞争的激烈程度来看，企业要在互联网环境中生存与发展就必须在某方面成为佼佼者，如果不以创业营销理念来武装市场人员的头脑，企业就无法得知自己的发展机会在哪里，无法不断地创新来获取长期的竞争优势。从竞争焦点的变化来看，传统营销环境下竞争焦点主要是产品和服务的质量，而在互联网环境下，企业的竞争焦点除了产品和服务的质量，还包括信息的查询是否方便、支付是否安全等。竞争焦点的多样化为企业开展营销活动提供了更大的空间，而创业营销理念则有助于企业不断地把握各种市场机会。

在过去，提到"市场营销"，人们就觉得是广告。而在今天，依托互联网技术的发展，人与人之间的交往变得更加容易，企业触及用户的方式也更加多元化，这使市场营销的"玩法"也变得更加丰富多彩。对于初创企业而言，这种环境下的营销让低成本和高回报成为可能，同时也充满了不确定性。

二、市场营销策略

（一）STP营销策略

STP营销策略是一种被广泛应用的市场营销策略，它的核心是通过市场细分（Segmentation，S）、目标市场选择（Targeting，T）和市场定位（Positioning，P）来实现企业的市场竞争优势。STP代表了市场细分、目标市场选择和市场定位三个关键步骤，每个步骤对于市场营销策略的成功实施都至关重要。STP营销策略如图4-4所示。

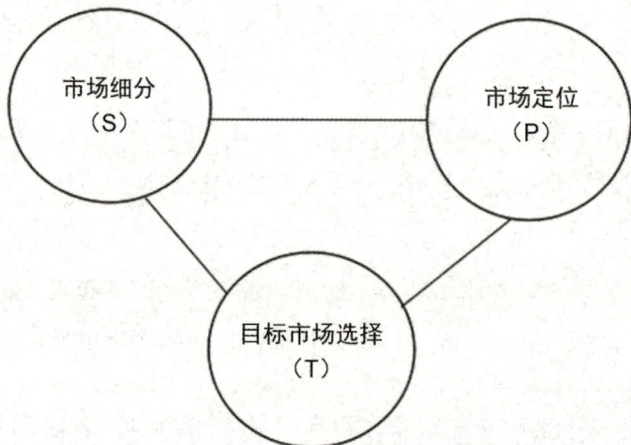

图 4-4　STP营销策略

（二）STP营销策略的制定方法

1. 市场细分

选择目标市场的第一步是研究企业打算进入的行业，并确定该行业中的潜在目标市场，这个过程被称为市场细分。企业进行市场细分时通常需要注意以下三个方面。

（1）消费者是多元的，不同的消费者有不同的需求。

（2）部分消费者会表现出相似的需求，对同一种营销行为有相似的反应。

（3）不同企业具有不同的优势，可以选择不同的细分市场。

初创企业应根据消费者需求的不同来进行市场细分，评估并选定最容易切入且具有竞争优势的市场，避免因没有明确的目标市场而进行盲目创新，进行市场细分需考虑的四个因素如表4-1所示。

表4-1　进行市场细分需考虑的四个因素

因素	细分变量
地理因素	地理位置、地理环境、行政区域、城市类型
人口因素	年龄、性别、职业、收入、民族、宗教、国籍、受教育程度、家庭人口
心理因素	传统型、新潮型、节俭型、奢侈型
购买因素	购买时间、数量、频率、习惯、产品迭代

对于初创企业来说，市场细分必须定期反复进行，即使作为成长中的小企业也不能一直固守在最初的细分市场，在适当的时候要做出相应的调整。成功的企业应不断检验针对细分市场的决策，出现错误时勇于承认并采取纠正措施。

////////// 创新工厂 //////////

宜家在进行市场细分时确定的细分变量为地理位置、户主年龄、家庭人口及家庭收入水平。例如，从地理位置上来看，宜家把市场细分为欧美市场和亚太市场；从户主年龄上来看，一般分为18～34岁、35～49岁、50～64岁和65岁以上；从家庭人口来看，一般分为家庭人口1～2人、3～4人、5人及以上。

按家庭收入水平细分市场具体如下。

低薪阶层的家具消费市场：质量可靠、性能安全、经济耐用，属于中低档。

高薪阶层的家具消费市场：时尚、豪华，属于高档。

2. 目标市场选择

初创企业在对市场进行细分以后，就要选择目标市场了。而在选择目标市场之前，初创企业应该先充分评估细分市场的吸引力，从而确定目标市场。

在常见的目标市场策略中，无差别性市场策略、差别性市场策略、集中性市场策略、一对一市场策略是比较常用的市场策略，如表 4-2 所示。

表 4-2　四种目标市场策略

目标市场策略	内容
无差别性市场策略	将整个市场作为目标市场（如纯净水）
差别性市场策略	将市场分为若干子市场（如酸奶、纯牛奶、儿童奶）
集中性市场策略	重点选择极个别市场（如婴儿纸尿裤）
一对一市场策略	对客户进行一对一服务（如健身私人教练）

以上四种目标市场策略各有利弊。企业在选择目标市场时，必须考虑各种因素和条件，如企业规模、原料供应、产品类似性、市场类似性、产品寿命周期、竞争对手的目标市场等。

选择科学合理的目标市场策略是一项充满挑战性的工作，受企业内部的限制和外部市场环境不断发展变化的影响，经营者需要不断通过市场调查和预测，掌握和分析市场变化趋势与竞争对手的条件，扬长避短、发挥优势、把握时机，采取灵活的、适应市场态势的策略以争取利益最大化。

3. 市场定位

市场定位就是加深消费者对企业和产品的认知，使企业和产品能在消费者心目中抢占有利位置，消费者在有购买需求时能及时想到该企业的产品。

有些企业往往忽略了消费者真正需要的不是产品特征而是利益。因此，初创企业不仅要开发出不同于竞争对手的产品或服务，还必须让消费者知道这些不同与他们需要的利益是息息相关的。下面将介绍如何运用市场定位策略来帮助企业进行准确、有效的市场定位。对企业或产品进行市场定位一般有以下五种方法。

（1）差异定位法。市场的竞争越来越激烈，产品同质化、硬件同质化的现象越来越普遍。有些企业的产品销售低迷，而另一些企业却是市场中的"常胜将军"，原因在于后者有明确的营销思路，能够灵活运用差异化的营销策略，让消费者能在众多同质化产品中一眼认出该企业的品牌和产品，从而与其他企业的产品形成有效的隔离。企业可以从许多方面来进行差异定位，如产品、价格、服务、形象等。

太子奶的差异定位。在产品定位上，太子奶一开始就走了一条差异化的道路，它采用不透明塑料瓶作为产品包装。尽管后来出现的竞争对手也不少，但太子奶把包装做得非常精美和醒目，其他品牌完全无法模仿。直线型的瓶身符合国际流行趋势，纯白色的包装在陈列货架上非常抢眼。这种差异化包装设计使太子奶在陈列和销售时占据了很大的视觉优势。与其他竞争对手相比，太子奶具有产品线宽、消费群体广的优势，不仅有定位于青少年的180毫升小瓶装，还有250毫升、500毫升等各种不同规格的大瓶装。

（2）主要属性或利益定位法。它是一种市场营销策略，核心思想是将产品的关键特性和消费者可以从产品中获得的主要利益作为品牌或产品的市场定位。这种方法旨在突出自己的产品与竞争对手产品的区别，以其独特性吸引目标市场的关注，有助于企业在竞争激烈的市场环境中找到自己的位置，赢得消费者的青睐。

（3）产品使用者定位法。在目标市场中，企业为产品或服务特别塑造出一种鲜明的形象，会使其目标市场的定位更加突出。例如，某服装企业专为妇女提供服装，便找了一位成熟端庄的女性为其代言，从而取得了较大的成功。

（4）针对特定竞争者定位法。针对特定竞争者定位法是一种直接针对某个竞争对手的定位方法。这种定位方法在短期内比较有效，但是就长期而言，存在一定的限制条件。初创企业如果采取针对特定竞争者定位法，除非自身拥有足够强大的实力，否则最好从目标市场中选择比较弱的竞争对手来挑战，在抢占了一定市场后再选择实力比较接近的竞争对手，直到积攒足够的实力后再去挑战市场领先企业。

（5）使用定位法。使用定位法是指根据产品的使用地点或使用时间来定位。有时可根据消费者如何及何时使用产品，给产品予以定位。例如，佳能公司把自己定位为"感动常在"，将人们的激动和欢乐都转变成可以记录、触摸的照片。

（三）制定营销策略的注意事项

1. 先调研，充分思考，再行动

"知彼知己，百战不殆"，市场营销工作也是如此。市场是个很庞大的"消费者"，如果企业没有进行充分的调研与思考，按照想当然的理解制定市场营销策略，那么就会像一艘偏航的游轮，无法以最快的速度抵达目的地。

2. 切忌盲目"自嗨"

这是企业进行市场营销时特别容易踩中的一个"雷区"。很多时候，市场营销活动的主要参与者并不是产品的目标用户，这样就会导致市场营销活动"有肉无魂"，表面上看起来很热闹，但无法走进用户内心，让他们留下深刻记忆。在组织市场营销活动的过程中，企业应充分利用前面提到的同理心。只有了解目标用户的情感诉求，才能打造出好的市场营销活动。

3. 及时复盘，不断调整

市场是不断变化的，这种变化有时会让人觉得疲惫不堪，但更多时候只有变化才能创造更多机会。这时候，企业要积极拥抱变化，根据市场情况对自身的市场营销策略进行调整。需要注意的是，这个过程不是改变，而是调整，如果一开始的市场营销策略已经足够合理，频繁的改变只会伤害自身品牌，降低用户好感度。

三、常见的营销方式

营销方式是指营销过程中所有可以使用的方式。常见的营销方式有事件营销、跨界营销、善因营销、流量池营销等。随着社交媒体的盛行，各类营销方式层出不穷。但要注意的是，不同的市场定位及产品定位与营销活动是相互作用的关系，不同的市场营销策略决定了营销方式，不能因盲目追求新颖花哨的营销方式而偏离了企业的基本市场及品牌战略定位。

（一）事件营销

事件营销是指企业通过策划、组织和利用具有新闻价值、社会影响及名人效应的人物或事件，吸引媒体、社会团体和消费者的兴趣与关注，以提高企业或产品的知名度、美誉度，树立良好的品牌形象，并最终促成产品或服务销售的手段和方式。

简单地说，事件营销就是通过把握新闻的规律，制造具有新闻价值的事件，让这一新闻事件得以传播，从而达到广告的效果。事件营销是近年来国内外流行的一种公关传播与市场推广手段，集新闻效应、广告效应、公共关系、形象传播、客户关系于一体，能够为新产品推介和品牌展示创造机会，能够建立品牌识别和品牌定位，是一种能够快速提高品牌知名度与美誉度的营销方式。

创新工厂

2016 年 7 月,某自媒体公司发起"4 小时'逃离'北上广"活动,共 30 个名额,谁先到机场,

就可以去全国任意一个地方。消息一出瞬间传遍朋友圈，仅 1 小时 30 分钟文章阅读量就超过 10 万人次，该营销事件迅速轰动互联网。通过这次活动，当时名不见经传的自媒体平台获得了极大范围的传播，并快速积累了 400 多万名潜在用户。通过事件营销的方式，该自媒体平台成功展现了自己的内容产出能力与创业能力。

亮点 1：只给你 4 小时，让你来一场说走就走的旅行。

这对于在"北上广"工作的都市青年人来说极具吸引力，很多人都有一颗自由的心，却在生活中被磨平了棱角。除此之外，"4 小时的时间""30 张免费机票"，去晚了就没有了，这样机不可失、时不再来的时间压迫感，加上目标受众的期待，使事件迅速发酵。这一事件设计的机制充分调动了消费者的稀缺性心理，因此迅速成为"北上广"的都市青年人的热议话题。

亮点 2：不仅是一篇营销文章。

整个事件不仅是一篇文章和几张机票，在营销文章发出之前，该自媒体公司早已在微博、微信等社交媒体平台分享了几个属性相同的故事，为话题进行预热，并且活动规则中明确要求每位参与者拿到机票抵达目的地后，要完成一项有趣的任务。这不仅让营销活动更加丰富，还大大延长了活动热度的持续时间。

亮点 3：渠道全覆盖。

微信公众号的良好业态给自媒体提供了广阔的生存与商业化空间，因此成为自媒体运营的重头戏。微博极强的开放社交性也让话题能通过私人社交渠道之外的开放媒体渠道进行渗透。

上述自媒体公司发起的营销活动是当时现象级的事件营销案例。事件营销作为一种典型的营销方式，在策划之初要考虑以下三个方面。

一是事件营销能否成功，关键在于是否有引爆点。而在公众注意力极其分散的信息时代，如何利用消费者稀缺性心理吸引他们的注意力，将企业希望传达的信息准确传达给他们，并刺激其采取行动成了事件营销的关键因素。对于企业来说，注意力是一种可以转化为经济效应的资源，吸引了消费者的注意力，也就有了事件营销的动力。消费者情绪上的认同是活动成功的关键，这种认同会直达消费者内心。

二是把握合理的传播节奏。成功的事件营销离不开大众媒体的参与，想要使事件受到关注，就要把握好传播节奏。传播节奏合理能够将传播内容及时整合为最优组合，在合适的时机将企业认为必要的信息准确传达出去。因此，如果企业想成功地实施一次事件营销，必须善于利用大众媒体，只有通过大众媒体开展新闻传播、广告传播等传播活动，营造出有利于企业的社会舆论环境，才能使企业达到借势或造势的目的，引起大范围的关注。

三是整合线上线下的营销资源。一次完整的事件营销很难靠单纯的一篇文章或一场线下活动就取得理想的效果。事件营销的成功原因之一就是事件能够在短时间内迅速传播，而要实现这个条件的关键就是资源的整合。企业的资源整合表现在整合多种媒体渠道、整合多种媒体渠道传播的信息、整合多种营销工具。

（二）跨界营销

跨界营销是指根据不同行业、不同产品、不同偏好的消费者之间所拥有的共性和联系，把一些原本毫不相干的元素进行融合，使其互相渗透，进而彰显出一种新锐的生活态度与审美方式，并赢得目标客户群体的好感，使跨界合作的品牌都能够取得最大化的营销效果。如今，互联网社交媒体的红利让任何品牌都有可能在短时间内广受关注，但爆炸的信息让消费者的注意力越来越分散。在这样的环境下，品牌只靠自身单一的影响力已经不能达到较好的营销效果，跨界营销应运而生。在注重市场细分和资源整合的今天，跨界营销最核心的价值是实现用户群体的精准互补，以达到品牌效应叠加的营销目的。跨界营销能够加深品牌在消费者心中的印象，为品牌带来新的元素，从而使企业找到新的营销突破口，给企业带来新的活力、新的增长。

创新工厂

某共享单车品牌与某影视作品开展了跨界营销。看似毫无关联，但两个品牌却抓住品牌颜色这一个共同点，产出了一系列平面及视频创意内容，推出影视主题共享单车，并在首映礼上正式亮相。共享单车的用户为了骑上一辆影视主题的共享单车，不惜多走很多路。这样的合作实现了从产品到市场，再到推广渠道的"广度整合"，产品与品牌IP"深度合体"的营销模式。

亮点1：两个品牌的关联不仅仅是颜色。

当时，该共享单车品牌已在全球投放了超过650万辆共享单车，每日订单超过2500万元，而跨界合作的影视作品，也曾创下1.2亿元的内地单日票房最高纪录，两个品牌的级别极为相符。

亮点2：打通场景，产生叠加效应。

两个影响力强、渠道多的品牌联合，使彼此产品的使用场景切换到对方的产品上——看电影时想到共享单车，骑共享单车时对电影又多了一份喜欢。除此之外，两个品牌主要面向年轻人，这样的结合比单一品牌更具话题性与爆发点，叠加效应明显。

跨界营销在市场营销活动中经常被采用。这样的方式可以让品牌曝光量迅速增加、丰富

品牌的内涵、改善品牌的固有认知等。企业在进行跨界营销时，需要注意以下因素。

（1）资源匹配。跨界不是"抱大腿"，只有在品牌、实力、营销思路和能力、企业战略、消费群体、市场地位等方面有共性和对等性的品牌，才能使跨界营销产生事半功倍的效果。

（2）品牌效应能够叠加。品牌效应叠加是指两个品牌能够相互补充，将各自已经拥有的市场人气和品牌内涵互相转移到对方身上，从而丰富品牌的内涵并提升品牌整体的影响力。品牌效应能够叠加的两个品牌合作能够相得益彰；不能叠加的两个品牌合作会稀释各自的品牌价值，甚至会影响消费者对于品牌的认知。

（3）非竞争性。跨界营销作为一种常见的营销方式，目的就是增加双方品牌的价值，因此两个品牌之间不应存在竞争关系，否则就实现不了互惠互利、互相借势增长的目标了。

（4）互补原则。在跨界合作中，互补原则是指两个或多个企业的产品或服务之间存在着互补关系，即它们结合使用可以提供更大的价值，满足消费者更多样化的需求。非产品功能互补原则则更进一步，强调这种互补性不仅可以是产品本身的特性，还可以是服务、渠道、技术、品牌影响力等非直接产品功能方面的互补。

（三）善因营销

善因营销是指企业与非营利机构合作，或者企业内的社会责任部门将企业自身产品与社会问题或公益事业相结合，在为相关事业做出贡献的同时，达到提升企业形象、扩大社会影响力的目的。

//////////// 创新工厂 ////////////

随着气候的变化及人口老龄化的加剧，越来越多的欧洲老年人在冬季过得艰难，取暖的设备、保暖的衣物、充足的热食都成了问题。于是，英国某果汁公司开始举办慈善募捐活动，他们号召养老院的老年人为饮料瓶编织小毛线帽。每卖出一瓶"戴"小毛线帽的饮料，公司就会捐出 0.25 英镑给专门为老年人服务的慈善机构，用以解决冬日里老年人的取暖、热食等问题。这个活动很快就风靡英国，老年人们靠编织小毛线帽打发时间，在创作的过程中找到了久违的活力。年轻人则被这种有趣的设计所吸引，他们选择自己喜欢的帽子造型带回家，甚至加入编织帽子的队伍。现在，仅在英国，该公司每年都会收到 100 多万顶小毛线帽，在欧洲地区，则能收到 550 多万顶小毛线帽。

这家果汁公司通过这样的方式，为解决欧洲老年人的过冬问题贡献了不小的力量；通过这种有趣的形式，吸引了全社会对老龄化问题的关注，获得了广大消费者的关注与好感。

亮点 1：产品加上小毛线帽，增加品牌曝光量。

"给饮料瓶'戴'帽子"这样的方式，一是将小毛线帽与冬季保暖问题紧密结合，二是戴上定制版的小毛线帽，有效地吸引了消费者的注意，激发了消费者传播、购买的欲望。

亮点2：精准地解决了欧洲老年人过冬的问题，一些社会问题的背后存在着较多的现实问题。对于企业而言，通过善因营销就完全解决问题几乎是不可能的，但如果将社会问题聚焦，就更容易推动问题的改善。

善因营销是一种向社会传递正能量的方式，但对于企业来说，更重要的是通过这种方式扩大自己品牌的影响力，为企业自身增加筹码。因此，在设计善因营销方案时，一定要注意其与本企业业务的关联程度。大多数人对于公益的理解都比较狭隘，他们认为公益就是捐钱，但其实可持续的公益更值得推崇和关注。在此案例中，企业通过特别的设计，增加了销售量，将部分利润拆分给老年人群体，有效改善了欧洲老年人的过冬问题。

（四）流量池营销

流量池营销是指企业用各种手段获取流量，通过对流量的存续运营，再获得更多的流量。所谓流量池其实是一种营销思维。在互联网时代，流量成了企业发展最重要的因素，但随着竞品的出现、消费者需求的增加，流量红利已经逐渐消失。原本一篇文章、一组海报就能获得流量，现在已经没有那么容易了。而流量池思维就是利用多种多样的营销方式将可以触及的用户和收集到的流量存储起来，再通过多种方式进行裂变，使流量实现指数级增长。

////////// 创新工厂 //////////

近两年，饮料市场上出现了一个新品牌。一方面，它使产品以纯色杯的形式出现在都市白领的视野中，并选择了口碑较好的演员来代言。另一方面，它邀请专业人士捧场，针对白领聚集的写字楼进行广告宣传。不仅如此，该品牌还充分利用了裂变的引流方式——你喝一杯饮料，分享给朋友，你和朋友可以分别得到一杯免费饮料。通过这种方式，该品牌获取了众多用户的信息，通过短信发送、朋友圈广告投放等方式及时将新的活动信息传达给终端用户，用"免费"打开了流量入口，用运营维系了流量池的稳定。

亮点1：通过线下广告与赠送获取第一批用户。

当时，国内一二线城市的写字楼及周边住宅的电梯内，刮起一阵风暴，有纯色杯的饮料进入都市白领的视野内。品牌不仅选择了口碑较好的演员代言，还在明显位置标注扫码可免费领饮料。抱着试一试的心态，不少人利用在电梯里的碎片时间下载了App，并第一次尝试了这个品牌的饮料。

亮点2：通过买赠与分享获赠实现用户的裂变。

当营销遇到社交，就会产生指数级的裂变效应。该品牌在刚进入市场时，迫切需要扩大市场。通常企业在解决这个问题时，会采用加大市场投入力度的方式，如路演、播放代言人视频等，但实际的宣传效果如何却不为人知。而该品牌抓住用户看重性价比的心态推出"转发邀请好友，两人同时获赠免费饮料券"的方式，用很低的成本对品牌进行了充分的曝光与推广，极为有效地扩大了用户量。

高辨识度的设计让人一下子就记住了这个品牌及其产品。线下广告、演员代言等营销方式，让品牌迅速曝光，当曝光量累积到一定程度时，会刺激人们去尝试。在维系已有用户的同时，也能通过这些用户"撬动"更多资源，快速传播品牌信息，扩大品牌影响力，从而有效提升品牌的知名度。

四、消费者洞察

企业在将任何一个新产品投入市场前，都要先全面了解消费者。企业应与消费者产生良好互动，了解消费者的现有需求与潜在需求，了解得越深刻，就越能满足消费者的需求甚至创造新的需求，这对于企业进入和深入一个领域至关重要。而有效的消费者洞察能够帮助企业了解消费者。

（一）消费者与消费者购买决策

国际标准化组织认为，消费者是以个人消费为目的而购买、使用产品和服务的个体社会成员。这就意味着，如果想进行消费者洞察，就必须了解消费者消费的过程，而不是每种产品和服务完成交易的过程。在进行消费者洞察时，无论消费者是否进行了交易，只要他是目标市场中的人，都应该是企业的研究对象。

广义的消费者购买决策是指消费者为了满足某种需求，在一定的购买动机的支配下，在可供选择的购买方案中，经过分析、评价，选择并实施最佳的购买方案，以及做出购后评价的活动过程。这是一个系统的决策活动过程，包括需求的确定、购买动机的形成、购买方案的抉择和实施、购后评价等环节。企业应通过科学合理的工具，选择消费者购买决策中的某一个或某几个环节，挖掘消费者的心理诉求，完成消费者洞察，进而优化市场战略，获得更多的收益。

（二）消费者痛点分析

消费者痛点即消费者希望能够在短时间内解决或提升的问题，这些问题有些是消费者的刚性需求，而有些是消费者希望获得更好的体验。例如，随着智能手机的普及，人们外出时的充电问题有待解决，一个可以解决外出时电量不足问题的方案是消费者所需要的。这时候，"随身电源"充电宝就出现了，为有刚性需求的消费者提供了一个解决问题的方案。渐渐地，充电宝市场越来越饱和，消费者发现普通的充电宝太重，携带不方便，于是有厂家提高了充电宝的质量与电池容量，体积更小、质量更轻、电池容量更大的便携式充电宝就成了这个饱和市场新的"宠儿"。

对于企业而言，针对某一群体的痛点进行分析与挖掘并提出解决方案，有助于产品或服务的最终落地，也为企业未来抢占"蓝海"市场提供了商业逻辑基础。寻找痛点的方法有很多，在互联网时代，数据的获取变得很容易，这也为痛点分析提供了很多方式。

1. 搜索关键词

在搜索引擎中搜索带有疑问性质的关键词"如何""怎么样"，在这些关键词之前，可以加上关注的领域、行业、细分市场等。例如，"××学校教学质量如何""××饭店服务如何"根据问题的数量，可以初步判断消费者关心的焦点所在，这也就是痛点所在。

2. 搜索消费者反馈和评价

对于关注的产品或领域，可以搜索相关的购物网站或点评网站，得到相关的消费者反馈和评价，并根据反馈中出现次数最多的关键词判断痛点所在。另外，翻看消费者的评价时可以从消费者的角度了解其真实想法，有些消费者的反馈非常详细，文字质量较高，甚至配图进行说明，这比产品的自我宣传更有说服力。

3. 数据分析

基于某些数据库，企业可以获取更加多维立体的目标市场数据，如客源结构构成、常用消费方式、消费偏好等。科技的发展让数据的获取变得越来越容易，但更重要的是基于这些客观数据进行的分析。另外，数据成为大数据时代的企业道德红线，企业应秉承高度的责任意识在有效合理地使用数据的同时保护好消费者的信息安全。

4. 用户访谈

在互联网社交平台的帮助下，确定并找到合适的被访谈用户也变得比较容易。通过用户访谈，企业可以挖掘到典型个体的深度需求，这可以和数据分析提供的信息形成有效互补。详细的访谈方法，参见前文相关内容。

第五章 商业计划书及路演

【素养目标】本章旨在分析商业计划书的概念、基本内容、撰写原则、基本格式，帮助学生理解一份合格的商业计划书是如何完成的，同时如何将计划书中的内容有效转化为路演，在有限的时间里呈现出产品最突出的特质，获得投资者的青睐。

掌握商业计划书及路演能够锻炼大学生的创新创业思维，使其提前适应商业环境，拓宽其视野和知识面，提升创业成功率，为未来创新创业打下坚实的基础。

第一节 商业计划书

一、什么是商业计划书

商业计划书又称创业计划书，是创业者在初创企业成立之前，对已经拥有的创意或想法进行梳理后形成的一份书面计划，用来描述创办一家新的企业需要的所有的内部要素和外部要素。商业计划书可帮助创业者对自身产品发展进行系统性的思考，也可以用于参赛展示，其核心内容包括运营团队、商业模式和市场营销。路演内容为商业计划书的精炼版本，创业团队需要在开始融资或备赛期间，细细推敲每一部分，在有限的时间内，通过有限的篇幅，表达准确的意图。

商业计划书的撰写过程非常复杂，是创业者在拥有一个创意或想法之后，融合各方面知识（如市场营销知识、企业管理知识、财务管理知识、人力资源知识、调查与预测知识等），对想法进行梳理后形成的计划书。创业者在撰写时建议参考一定模板，学习经典创业案例，如果是参加正规赛事需要提交的商业计划书，一般可以根据赛制提出的统一要求提交文档，包括内容类别、字体字号、图片规格等要求，参赛者在统一要求的基础上可以进一步提高要求呈现商业计划书的内容。如果是常规商业行为，创业者则可以通过参考其他可行案例、经典案例，对照自己的产品，完善自己的思路，着手规划自己的商业计划书。

商业计划书是企业进行宣传和包装的文件，它向风险投资企业、银行、供应商等外部相关组织宣传企业及其经营方式；同时又为企业未来的经营管理提供必要的分析基础和衡量标准，是一家企业成立时各项计划（如市场营销计划、生产和销售计划、财务计划、人力资源计划等）的集成，同时也是创业前三年所有中期和短期决策制定的方针。在创业大赛中，商业计划书是重要的参赛文件，也是评委组对参赛团队商业运作能力进行深入了解和检验的手段之一。

二、商业计划书的基本内容

在撰写商业计划书前，创业者应弄明白一份完整的商业计划书的组成要素和撰写原则。一份完整的商业计划书应包含以下内容：封面、保密要求、目录、摘要、正文和附录。正文主要包括项目描述、创业团队、组织结构、产品或服务、市场与竞品分析、市场营销策略、生产计划、财务规划、融资计划、风险分析、收获与退出、时间表等内容。近几年的创业大赛不仅对商业计划书需要呈现的具体内容做了要求，还对整体排版、布局和字体字号等细节进行了相应规定。

三、商业计划书的撰写原则

（一）文本整体要规范

封面、目录和摘要作为商业计划书的开篇内容，并不体现产品本身的技术内容，应符合最基本的行文规范，特别是用于参加创业大赛的商业计划书，需要对照模板明确呈现的内容和行文布局，用清晰简洁的语言，引导读者对整个文本进行概况梳理。其他各部分的文本在内容上遵循数据充分、图文并茂的原则，做到产品介绍有相应支撑。

（二）主体内容有逻辑

商业计划书中涵盖的几个核心模块有内在的逻辑关系，前后基本假设或预测要相互呼应和一致，环环相扣，内容逻辑合理，从而给投资者或大赛评委充足的选择理由。

（三）呈现模块有侧重

用于参赛的商业计划书，除文本规范涉及的内容外，组织结构、产品或服务、市场与竞

品分析、市场营销策略等都属于核心模块，需要着重撰写。其他模板属于亮点部分，要结合产品自身特点展示，为商业计划书加分。

四、商业计划书的基本格式

无论是用于商业行为的商业计划书还是递交参赛的商业计划书，都需要在文本中呈现新产品或新服务的基本价值、用户类型、商业计划、团队管理、融资计划等，提交的形式通常有 Word、PDF、思维导图、PPT 和其他类型。在近几年的创业大赛中，项目材料通过线上提交的方式送审，主要形式为 PDF 和 PPT，部分地区会要求参赛团队同步提供视频。

（一）封面

封面是商业计划书的"脸面"，设计要具有审美观和艺术性，最好是富有个性。一般来说，封面可以放一张项目或产品的彩图，同时为方便打印和制作，整体设计中不可出现太多花花草草，突出干净、整洁、清晰，但又不失特色。封面一般包括项目编号、项目名称、产品 Logo、公司名称、编制时间、企业联系方式（含公司地址、邮政编码、电话、传真、电子邮件、联系人、公司主页）等信息。而用于参赛的商业计划书则可以列入项目的研发理念或致谢语，如"绿色包装领航者""全自动蔬菜移栽机领跑者""致力于年轻人的第一台厨房小家电"等。商业计划书封面示例所图 5-1 所示。

图 5-1　商业计划书封面示例

（二）目录

目录标明了各部分的标题和页码，起到检索和导读的作用，从而让读者可以快速掌握全文大致内容，方便找到相应的出处。如果商业计划书中有大量图表，还可以单独准备一张图表目录，引导读者快速从商业计划书中获取信息。

（三）摘要

摘要是创业者对整个商业计划书的高度概括，也是投资者或大赛评委首先会看到的内容，对整个商业计划书意义非凡。摘要撰写力求简短、清楚、具有说服力。创业者应当强调公司的能力及局限性、竞争对手、营销和财务战略、管理队伍、产品或服务、对消费者的价值、相关市场、管理技能、融资要求、可能的投资回报及社会价值等，以引起投资者的兴趣。撰写时要反复推敲，力求精益求精，形式完美，语句清晰流畅且富有感染力，能够简洁地表述出创业者的创业理念，篇幅一般控制在两页以内。

（四）正文

正文是商业计划书的主体部分，详细介绍了投资者比较关心的各种问题。正文通常包括以下几部分内容：项目描述、创业团队、组织结构、产品或服务、市场与竞品分析、市场营销策略、生产计划、财务规划、融资计划、风险分析、收获与退出、时间表。正文的内容不仅要求有充足的数据资料，合乎逻辑，使人信服，还要重点突出，实事求是。

（五）附录

附录是对正文中涉及的相关数据和资料的补充，如公司的营业执照、公司章程、验资审计报告、税务登记证、专利证书、鉴定报告、市场调查数据、主要客户名单、场地租用证明、公司及其产品介绍、工艺流程图等，一般可用附件、附图和附表三种形式。附录在整个商业计划书中是非常重要的，因为详尽的附录资料能够使投资者从多方面来了解创业项目，从而增加项目被投资的可能性。

值得注意的是，特别是在创业大赛的商业计划书中，最好包含两个以上的第三方或机构的推荐信，推荐人最好是权威部门、行业领军企业或大学教授等。

五、商业计划书的撰写要点

（一）商业计划书正文的具体内容

就具体内容来说，一份商业计划书的正文部分可以分为以下十二个章节。

第一章，项目描述。明确所要进入的是什么行业，是售卖产品还是提供服务；目标客户是谁；当前产业的生命周期是处于萌芽期、成长期、成熟期还是衰退期；产品或服务依托的企业是新兴企业还是老牌企业；成立的企业是独资企业还是合伙企业；获利方式是怎样的；成长阶段是如何规划的等。

第二章，创业团队。本章主要向投资者展示管理团队的结构、管理水平和能力，技术团队和营销团队的工作简历、取得的业绩，团队成员的职业道德与素质，企业目前的管理模式及特色等。

第三章，组织结构。据调查，中小型企业绝大部分的失败来源于管理的缺失，其中管理缺乏竞争力和缺乏管理经验的问题尤为突出。科学的管理对中小型企业至关重要，因此在商业计划书中，要以建立结构合理的创业团队为目标，依据团队成员各自的优势和劣势进行分工。本章要围绕以上要点，设计出一个层次清晰、任务职责明确的组织结构。

第四章，产品或服务。本章展示的是创业者提供的具体的产品或服务，以及有什么特色，与竞争者之间的差异是什么，创新独特之处在哪里，卖点是什么。总之，投资者关心的问题是创新的产品或服务对终端客户的价值，即能在多大程度上解决现实生活中的问题，或者节约开支、增加收入，这些也是市场销售业绩的基础。

/////////// 创新工厂 ///////////

海马体是人脑记忆中枢，也是目前中国第一大连锁照相馆的名字，"90后"创始人黄逸涵和吴雨奇夫妇之所以用这个名字命名品牌，是希望通过影像服务为人们记录生命中的重要时刻，用影像承载更多的记忆和情感。

在创业之初，这对夫妇还是在校学生，他们发现当时市场上的写真拍摄大都由婚纱摄影店来经营，产品以套餐论价，3000元起步，一般学生难以支付，而且价格不透明，风格老旧。

针对这些痛点，他们在2012年推出PC端预约系统，用快时尚元素设计拍摄产品，并将这些产品拍成样片放在预约系统中，供客户选择下单。每款产品明码标价，单件起拍，单件价格最高不超过400元。

2013年，前来拍摄的客户提出了新的要求：拍好看的证件照，贴在简历和毕业证上。于是，他们用拍写真的思路开设了拍证件照的业务：先为客户化妆，拍摄完后再进行修片，每张照片定价为199元，而当时街边店的一张证件照定价为20~30元。

尽管价格相差如此悬殊，但来拍证件照的学生越来越多，他们希望通过一张好看的证件照来提升自己在求职或其他方面的竞争力。

2015年3月，他们的第一家海马体照相馆门店开张了，以拍摄"最美证件照"为目标，一张证件照的定价降为99元。此后3个月，门店订单爆满，闻讯前来拍照的不仅有大学生，还有大学城外的年轻白领。

与传统照相馆大都分布在街边不同，海马体照相馆都在购物中心内，打造了"线上预约＋门店体验"的服务模式，且能让客户在数小时后取片，并提供一系列定制服务。因为这些不同，海马体照相馆在中国商业摄影市场被看作一个新物种。截至2022年年底，海马体照相馆在全国80多个城市开设了近600家门店，成为中国门店规模最大的连锁照相馆，一年的营收规模在20亿元左右。

第五章，市场与竞品分析。市场分析主要是对企业所在行业的基本情况，产品或服务的现有市场情况和未来市场前景进行分析，使投资者对产品或服务的市场销售状况有所了解。值得注意的是，在创业大赛类商业计划书中，除要对产品或服务本身所处的市场进行分析外，还要熟悉行业政策背景和社会热点带动的消费痛点，在完善市场分析的同时做好竞品分析，形成翔实的市场分析预测。

第六章，市场营销策略。企业营销的成败直接决定了企业的生存命运，构思完善的商业计划书要规划精密的市场营销策略。撰写本章时，创业者要先定位目标市场，是否对本产品或服务有需求，需求程度是否能带来预期利益，市场未来发展趋势是否可持续，目标客户和潜在客户有哪些，如何选择对应市场的营销模式等。只有对市场进行准确分析，才能制定合理的营销策略，才能在比赛中说服大赛评委认可项目的可行性与可持续性。

第七章，生产计划。本章主要针对具体产品的生产形成内容，服务类项目则主要通过公司或企业的组建来替代相关内容。生产计划旨在使投资者了解产品的生产制造及经营过程，为提升评估价值，创业者应尽量使生产计划详细、可靠。如果是参加创业大赛的项目，创业者在本章的书写过程中，要尽快联系符合本产品生产的制造商，确认产品制造的关键技术、投入成本、生产工期、技术迭代周期，或者在项目原有厂房基础上需要实现的技术突破点、投入成本等。以上信息确认后，完善商业计划书，让整个生产计划形成完整的生产线，另外还要制订一定的产量计划，最终实现产能。

第八章，财务规划。本章主要用于评估创业者的创业理念，以便融资，包括企业过去若

干年的财务状况分析，要求附带一份现金流量表、利润表、资产负债表。大多数参加创业大赛的项目都处于创业初始阶段，因此商业计划书中要有对未来 3 ～ 5 年的预测，至少要有一年能实现收支平衡（有了正的现金流）；要有最初两年内（每月或每季度）的详细的财务规划；所有数据都必须基于合理的假设。一份好的财务规划对评估初创企业所需的资金数量，提高其取得资金的可能性十分关键。

第九章，融资计划。本章通常涉及融资的目的和额度、资金的用途和使用计划，主要是对企业的资金需求数量、融资方式，投资者的权益、财务收益、资金安全保证、投资退出方式等的计划安排。除了以上内容，本章也要有融资后未来 3 ～ 5 年的平均年投资回报率及有关依据。

第十章，风险分析。经营企业一定会有风险，风险不是说有人竞争才有风险，其可能是由企业自身条件限制、创业者自身不足、市场存在不确定性、技术开发存在不确定性导致的，因此风险分析是商业计划书中不可缺少的一项内容。

第十一章，收获与退出。本章主要描述投资者退出机制，即他们如何获得资助新企业所带来的利益。对于一个创业项目，创业者并不只考虑眼下和短线发展，还要思考下一步如何、3 年后怎么样、5 年后打算做什么，使企业要能永续经营，并承诺投资者可以在未来某一时刻退出。

第十二章，时间表。本章包括企业的每个阶段将在何时完成的信息，包括主要活动何时实施、关键里程碑事件何时达到等。

正文内容也可以根据产品实际情况调整章节顺序，总体做到数据翔实、逻辑严谨、直击要点。

（二）商业计划书的撰写技巧

商业计划书涉及的内容比较多，撰写前必须进行周密安排，特别是对首次撰写商业计划书的团队来说，需要先阅读大量经典案例、咨询相关领域专家，再提出构思，搭建框架并细化方案。

在撰写商业计划书时，需要把握以下几点技巧。

1. 条理清晰，重点突出

商业计划书提出的产品的创意假设与市场预测要相互呼应，前后逻辑要合理，从而向投资者充分说明此项目可行。此外，撰写商业计划书时不能使用一个模板，要特别注意根据不同的阅读对象进行动态调整，以突出重点和优势。

2. 创意新颖，直入主题

只有新颖且富有创意的计划才能引起他人的注意，获得他人的青睐，从而加重创业成功的砝码。但撰写商业计划书不是一蹴而就的事情，而是一次商业模式的梳理。每一次商业模式的梳理，都是一次迭代。在探索商业模式的过程中，只有不断尝试、验证、完善，商业计划书才会随着商业模式的成熟而成熟，最终使独特的创意凝练成思路清晰、目标明确、发展良好的计划，吸引投资人的注意力。

3. 充分调研，真实有据

真实是商业计划书令人信服的首要因素，只有真实的想法和计划才具有现实的可操作性。真实是通过商业计划书的数据体现的，数据有效，结论真实，商业计划书才具有可行性，对潜在投资者才具有吸引力。商业计划书的数据多数来自调研，寻找用户痛点、进行市场分析、调查访谈、收集反馈、测试产品等环节都会产生数据，创业者根据数据可以验证和分析每个步骤的可信度与可行性。没有数据的商业计划书，或许可以存在于创意阶段，但走向产品阶段的时候，收集数据、分析数据就会成为产品成长或迭代的依据。如果商业计划书中缺乏财务预估、市场状况及竞争对手的数据，则会使投资方对方案评估的速度减慢，也会使大赛评委不认可项目的可行性。

4. 前后一致，风格统一

商业计划书不是由团队负责人一个人主导完成的，各部分内容通常是通过组内分工，经过一系列前期准备后分别撰写而成的。在创业领域，撰写商业计划书已成为一种惯例。在组稿时，团队负责人要进行把关，确保封面、目录、实施概要、附录、图表等内容编排合理、美观整洁，各章节内容围绕数据合理布局，标题格式、插图底色等一致，参加创业大赛的商业计划书要按照大赛要求规范排版。总体做到内容结构完整，叙述清晰流畅，语言习惯前后一致，避免整体风格不一、分析深度不同。

5. 回报丰厚，清晰易懂

这主要是指商业计划书中的财务数据要经过慎重考虑和精心准备，在制订财务计划时，要将投资者能够得到的回报写进商业计划书中。由于商业计划书中的财务数据涉及融资计划、商业模式和盈利模式等部分，内容中会出现财经类专业术语。在成文过程中，专业术语虽然能体现产品及其研发生产过程的专业性，但不是每位读者都是相关领域的专家，因此在撰写时要尽量深入浅出，用通俗易懂的文字表述、简单明了的数据呈现出整个项目的产能和回报。

6. 展示团队，借助外力

创业团队成员的从业经历和背景也能提升投资者的信任度，因此商业计划书必须翔实地向投资者展示团队成员的情况，力求展示团队的特征，如有使命感、有经验、有资源、有野心、习惯深度思考，让投资者对投资有信心。

创业大赛的参与者多数为在校大学生，创业经验比较少，因此在商业计划书草稿获得通过后，最好交专业顾问、律师、会计师或咨询师等润色修改。

六、经典商业计划书的启示

无论是已经投产的项目计划，还是参加创业大赛获取进项的项目计划，都可以从那些已经落地的经典商业计划书案例中发现，项目的实现不是纸上谈兵，而是创业者身体力行的结果，他们在每个探索阶段形成的路径也成了商业计划书最终成型的脉络。

（一）认知升级带来的题目迭代——某少儿英语产品

在撰写商业计划书时，要在一开始就用清晰、醒目的标题体现产品或服务的特质和设计理念，从而让投资人或大赛评委知道你是做什么的或你想做什么。

某少儿英语产品最初产生的原因是为了解决线下教学质量不受老师教学水平影响的问题，但因为创业团队在初期没有充分考虑用户定位，只是简单地从周围人的习惯入手选择通过 App 推广该产品，从而导致创业团队在推广范围扩大后发现了一个重要问题：产品的核心内容发生了质变，从教育市场的稀缺内容变成了软件本身。

围绕这个问题，他们结合了团队近 10 年的线下教学经验，重新调整计划内容，力求对产品定位、用户需求和场景设置进行转变，在保留线下教学已经存在的完整教学体系、教材练习、每日训练、学习跟踪、特色学习活动等内容之外，增加了线上操作跟练模式，运用语音交互和人工智能补足了线下教学不可控的因素。这一认知上的变动也使创业团队对产品本身有了更为深刻的理解，"取代 80% 人工教学"这一亮点应运而生。

从这一案例可以看出，题目的迭代也是创业团队对自我认知、自我定位的升级。参加创业大赛的项目前期也会经历这样一个过程，即当一个清晰的题目经过迭代凝练而成时，意味着团队对用户痛点和市场做到了精准调研。该少儿英语产品迭代的设计理念如表5-1所示。

表 5-1　某少儿英语产品产品迭代的设计理念

版本	题目	标语	场景
1	儿童英语智能在线启蒙	无	无

续表

版本	题目	标语	场景
2	K12 在线英语中心	让全国各地的儿童都有机会接受到优质的 K12 课程	全国各地儿童在线学习英语，课程优质，学习方便
3	自助式儿童英语学习系统	取代 80% 的人工教学，打造高性价比的儿童英语教学	1. 当父母非常忙碌的时候，孩子可以自己完成英语学习 2. 当父母英语不好的时候，孩子可以自己完成英语学习 3. 当父母经济条件不充裕的时候，仍然可以给孩子提供英语学习机会

（二）想法源于痛点需要——某儿童益智玩具

在一次儿童趣味活动的社区志愿服务过程中，创业团队成员在与家长和园区老师沟通时了解到，培养孩子逻辑思维模式、提高动手能力和空间想象力，以及增进亲子关系等益智玩具，是教育市场这片"红海"中不可或缺的部分。但目前市场上与益智教育相关的玩具鱼龙混杂，且普遍价格较高，加上为了避免孩子产生对电子产品的依赖性，市面上家长们可选的益智玩具有限，功能单一。家长提及的儿童益智玩具的功能具体如图 5-2 所示。

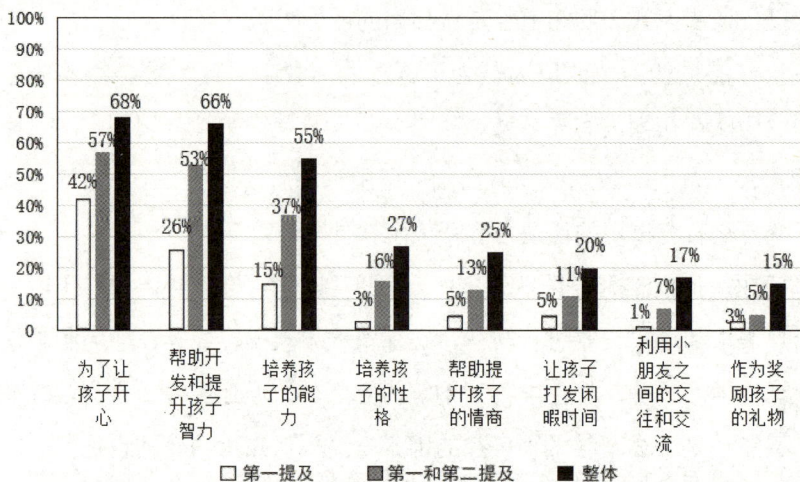

图 5-2　儿童益智玩具的功能

创业团队围绕儿童益智玩具进行了调研，超过 90% 的受访家长表示，在孩子 4～14 岁时，购买玩具的决策权基本掌握在家长手上。此外，在调研中，创业团队也发现，家长购买益智玩具主要是为了培养孩子的思维能力、开发孩子的智力、培养孩子的性格、提高孩子的情商。如果一款益智玩具能实现以上功能，家长购买这款玩具的意愿占比高达 69%。创业团队在准备商业计划书的过程中，针对这一调研结果，进行了产品痛点分析和竞品分析。在这

一过程中，创业团队发现家长们需要的是一款一物多用、能锻炼不同思维、亲子互动时间久、能提升儿童专注力的益智教育产品。同时，通过访谈也了解到，家长和学校普遍重视儿童的视力问题，能够有效使儿童从电子产品中脱离，又能进行各类思维训练的产品在市面上存在，但售价普遍偏高。此外，市面上功能单一的益智教育产品让儿童无法坚持使用很长时间就闲置了。

基于此，创业团队将产品的目标用户划分为两类：一类是使用群体，即儿童；另一类是消费群体，即家长。结合两类群体对益智玩具的实际需求，创业团队将产品的特点集中在一体多态上，即一种玩具多种玩法，同时研发多种玩具，供用户选择，在降低投入成本的同时完成益智教育，最终提出"集合式玩具开拓者"的理念，应运设计出几款多功能益智玩具，如立体飞行棋、数字迷宫、数位画板等。

第二节　路演及准备

一、路演的含义

路演是指在公共场所进行演说、演示产品、推介理念及向他人推广自己的公司、团队、产品和想法的一种方式。虽然路演不一定是创业者必须经历的一个环节，但当企业需要融资、项目需要推广时，路演是一种不错的手段。路演的核心环节包括演讲和问答环节。这两个环节一般都有严格的时间规定，有的是"5+5"分钟、"6+5"分钟，也有1分钟介绍，后面几分钟提问的。

大学生常见的路演模式有参加创业大赛路演和商业路演，本书主要侧重创业大赛中的路演。这类路演的核心目的是通过比赛的形式促进参赛者对创新创业的认识和行动，从而鼓励更多的人积极创新、勇于创新。

二、路演的准备

比赛中的路演会对参赛者的各方面进行比较详细的规定，除现场规则以外，对于参赛需要提交的文稿也进行了相应要求。"挑战杯""互联网+"等传统创业大赛都对参赛项目的文案模板、字号、基本内容、页数等做了要求，旨在对参赛者的基本认知进行统一，也使参赛者在比赛中的起步水平保持一致。现行的创业大赛，特别是国赛路演阶段，结合了融资，获奖作品将诱发更为长远的商业行为，因此创业比赛的路演现场本身也是很好的宣传推广平台。

（一）根据路演结构撰写演示文稿内容

路演的演示文稿内容脱胎于商业计划书的内容，但路演往往注重舞台表现，需要在 5 ～ 6 分钟完成项目阐述，因此演示文稿内容不完全根据商业计划书呈现，而应重点做好项目介绍和项目展示。在项目介绍部分，用三句话说明项目：第一句说明项目是做什么的；第二句说明市场有多大；第三句说明项目的增长潜力有多大。在项目展示部分，围绕自己的项目，阐明项目解决的痛点、竞争优势，并介绍团队成员，提出融资需求。

（二）梳理演示文稿内容并标注重点

对路演演示文稿的逻辑关系、核心数据进行梳理，切忌前后表述矛盾、数据错误。同时，还可以在演示文稿上标注重点，概括核心内容，做到详略得当。另外，在进行语言表述时，力求简洁明了，切忌废话连篇、表述不清。大赛路演时在完成规定内容呈现的基础上，可以优化演示文稿，结合以下加分项增添内容：展示业绩，用数据说话；已经有一次融资（天使融资即可）；项目曾在其他赛事中获奖；团队差异化互补，且成员有较高成就或较强的专业能力；产品有较高的技术壁垒，不可复制性强；团队有较大的战略格局。

同时避免出现以下扣分项：路演人员为非核心成员；内容假大空，战略太多，执行数据太少；顶撞评委；项目商业模式不清晰；主讲人气场不足；对评委所提问题，回答得不明确或不令人满意；纯 App 项目或网络平台项目。

（三）提问准备

路演展示后是提问环节。大赛路演中，评委提问主要集中为公司运营、产品或服务、市场推广、财务情况、风险评估等方面的问题，这些问题也是对展示环节表达不清楚的地方开展的深层次追问，具体问题可参考如下。

（1）公司的愿景是什么？

（2）公司的管理架构和团队分工如何？

（3）目前发展受到的最大制约是什么？

（4）未来 3 ～ 5 年的规划是怎样的？

（5）产品的成本如何控制？

（6）产品的独特优势是什么？最大卖点是什么？

（7）公司的主要竞争对手是谁？

（8）进入市场的规模如何？

（9）你们对市场未来乐观预期的依据是什么？

（10）公司的运营方式是怎样的？

（11）你们对销售渠道是否进行了拓展规划？

（12）何时实现收支平衡？

（13）公司的股权架构是怎样的？

（14）公司发展面临的最大风险是什么？

（15）如何应对其他公司的模仿？

（四）演示文稿准备

一份精心制作的演示文稿不仅可以展现路演人员的专业和用心、品位和自信，还能在短时间内达成建立关系、激发投资者兴趣，最后获得融资的目标。在大赛路演中，好的演示文稿也是项目的加分项。准备演示文稿时应注意以下几点。

1. 篇幅

在省级及以上创业大赛中，路演演示文稿的篇幅控制在 20 页左右为宜。创业者应根据重点，把想要强调的关键内容，如产品或服务、市场与竞品分析、市场营销策略、融资计划等醒目地展示给投资者。

2. 制作

演示文稿的版式设计、色彩风格要统一。色彩与字体切忌使用超过 3 种，创业者所要展示的项目与艺术相关或创业者本身就有高超的设计能力除外。能用图就尽量不要用文字，切忌使用大篇幅的文字。路演更多的是演讲，如果演示文稿上内容太多，会占据投资者大部分的注意力，让投资者感到疲劳，影响路演效果。在话题承接的地方，可以使用过渡页或使用问句引入下一个话题，吸引投资者的注意。

3. 内容

（1）在项目名称页，展示项目 Logo 和名称。创业者可以用一句话把项目说清楚，用最大的亮点吸引投资者的关注。

（2）在痛点（需求）与时机页，展示创业者发现了什么样的需求，目标用户有哪些痛点，为什么现在是进入市场的最好时机等内容。创业者在讲述该页时应尽量营造真实的应用场景，引起投资者的共鸣。例如，创业者可以提问："出门坐公交没有零钱怎么办？"

（3）在解决方案页，向投资者讲述目前产品所处市场存在哪些问题，该问题的解决方案是什么。

（4）在市场规模页，向投资者讲述他们最关心的市场问题。如果是人尽皆知的市场，创业者可略讲，否则要详细解释。此外，创业者也可以拿已成功的案例来类比自己的项目。

（5）在产品或服务展示页，进行产品或服务展示，突出其核心竞争力，把产品或服务的特色转化为投资人的利益。

（6）在竞争优势页，详细说明产品或服务的竞争优势，尽量用表格、图表直观展示自己的竞争策略，或者相对于竞争对手的优势。

（7）在商业模式页，结合商业画布，梳理业务逻辑，提出本项目的商业模式，切记不可照搬照抄案例显示的模式。

（8）在团队页，说明这是一个志同道合、互信互补、凝聚力超强的团队。同时，要突出团队核心成员的亮点，如名校高才生、名企高管、连续创业者、拥有独占资源等，介绍团队成员是如何帮助项目更好发展的。

（9）在融资计划页，说明企业将以什么方式分配股权、出让多少股权、融资数量是多少等。如果演示文稿非融资型，此页可以忽略。

（10）在结束页，最后一次强调项目的亮点，如项目愿景，或者再次展示企业联系方式等。

（五）答辩准备

1. 反复彩排

这是路演准备中最重要的环节，根据规定时间、既定流程进行反复练习，确保展示的效果和连贯性。语气、节奏、音调的设计和练习都会为现场路演效果加分。

2. 熟悉会场

了解路演现场的情况和周边的交通环境，提前几天抵达会场进行演练。

3. 仪容仪表

妆容得体、服装统一，展示最好的自己。不管是西装革履，还是商务休闲，一定要整洁庄重，以示专业。

4．资料准备

可以将路演材料提前打印出来分发给评委和观众，一方面方便他们阅读，另一方面当设备出现问题时，可以将其作为补救材料。

5．提前 15 分钟抵达

提前到达现场，确保资料提交完整，把计算机、投影仪等设备调试到位，以免影响路演。

第六章　创业还需要知道的事

【素养目标】本章补充学生应知道的创业知识，了解企业性质的区别，了解财务基础知识，懂得风险规避，有效促进学生创业。

党的二十大报告指出，高质量发展是全面建设社会主义现代化国家的首要任务。想要实现高质量发展，创新创业具有重要的战略地位。从 2014 年 9 月夏季达沃斯论坛提出"大众创业，万众创新"的口号，到政府下发《关于推动创新创业高质量发展打造"双创"升级版的意见》和《"大众创业 万众创新"税费优惠政策指引》等，围绕创新创业的主要环节和关键领域，多项税费优惠政策措施出炉，覆盖企业初创、成长、成熟整个生命周期。新时代所需的创新创业人才要"可堪大用、能担重任"，不仅需要具备强烈的创新创业意识和高超的创新创业能力，还应具有深厚的家国情怀、高度的社会责任感和使命感、高尚的职业道德。高校应积极响应国家政策，将思想政治教育与创新创业教育有机结合，引领创新创业教育高质量发展。

第一节　创业政策基础

正所谓挑战与机遇并存，虽然大学生在创业时可能会遇到各种挑战，但同时也存在很多机遇。为支持大学生创业，国家和各级政府出台了许多优惠政策，涉及融资、开业、税收、创业培训、创业指导等诸多方面。2021 年，《国务院办公厅关于进一步支持大学生创新创业的指导意见》（国办发〔2021〕35 号）文件发布，专门为就业创业大学生提供政策支持。大学生创业的帮扶政策主要有以下八条。

一、大学生创业税收优惠

持人力资源和社会保障部核发的"就业创业证"的高校毕业生在毕业年度内（指毕业

时的自然年，即1月1日至12月31日）创办个人独资企业、从事个体经营的，3年内按一定限额依次扣减其当年实际应缴纳的增值税、城市维护建设税、教育费附加和个人所得税。

二、创业担保贷款和贴息

落实创业担保贷款政策及贴息政策，将高校毕业生个人最高贷款额度提高至20万元，对10万元以下贷款、获得设区的市级以上荣誉的高校毕业生创业者免除反担保要求；对高校毕业生设立的符合条件的小微企业，最高贷款额度提高至300万元；降低贷款利率，简化贷款申报审核流程，提高贷款便利性，支持符合条件的高校毕业生创业就业。

三、免收行政事业性收费

毕业两年以内的高校学生从事个体经营的（除国家限制的行业外），自其在工商部门首次注册登记之日起3年内，免收管理类、登记类和证照类等行政事业性收费。

四、免费创业服务

有创业意愿的大学生，可免费获得人才服务机构和公共就业部门提供的创业指导服务，包括政策咨询、项目开发、风险评估、融资、跟踪扶持等创业服务。

创新工厂

大四学生李香宇和三名室友一起参加了学校的创业计划大赛，虽然比赛结果并不理想，但激发了他们的创业热情。比赛结束后，李香宇和班上两名同学商量后打算成立一家科技公司，进行自主创业。在公司筹备期间，李香宇对国家出台的一系列鼓励大学生创业的政策进行了认真研究，如创业税收优惠、创业贷款、免费服务等内容。按照国家相关规定，李香宇属于毕业年度内自主从事个体经营的高校毕业生，3年内可享受月销售额不超过2万元暂免征收增值税等优惠政策。李香宇通过银行贷款的方式凑齐了前期的启动资金，并在学校旁租了一间小店铺，成立了久香宇科技有限公司。该公司的主要业务为计算机及配件代销售、计算机故障维修，公司的经营和管理工作都由李香宇和两名同学来完成。该公司已营业1年，业绩尚可，已收回投资并开始盈利。对于公司来说，更好的消息是税务部门主动与他们联系办理税收减免事宜。

五、大学生创业指导服务

大学生创业者可享受各地、各高校对自主创业学生实行的持续帮扶、全程指导、一站式服务。地方、高校级信息服务平台可以为他们提供国家政策、市场动向等信息。除此之外，各地在充分发挥各类创业孵化基地作用的基础上，还因地制宜地创建了大学生创业孵化基地，并提供相关培训、指导服务等。

随着创业环境的改善，除政府之外，许多投资机构也开始关注大学生创业。在这样的社会背景下，准备创业的大学生一定要先了解清楚当地的创业政策，做好充分的准备。

六、开设创新创业教育课程

大学生创业者可享受创新创业教育资源，参加面向全体学生开设的研究方法、学科前沿、创业基础等方面的必修课和选修课，同时还可以免费观看各高校资源共享的慕课、视频公开课等在线开放课程。另外，大学生创业者可享受各地、各高校实施的系列"卓越计划"、科教结合协同育人行动计划等提供的资源，还能参加跨学科专业开设的交叉课程、创新创业教育实验班等。

七、改革教学制度

大学生创业者可享受各高校建立的自主创业大学生创新创业学分累计与转换制度。该制度明确地将开展创新实验、发表论文、获得专利和自主创业等方面的实践成果折算为学分，将学生参与课题研究、项目实验等活动认定为课堂学习。

八、强化创新创业实践

大学生创业者可享受个高校面向全体学生开放的大学科技园、创业园、创业孵化基地、各类实验室等科技创新资源和实验教学资源，还可以参加全国大学生创新创业大赛、全国高职院校技能大赛，以及加入高校学生成立的创新创业协会、创业俱乐部等社团。

创业政策具体实施细则和标准各地有所不同，申请享受政策前应向当地人力资源和社会保障部门详细咨询。

第二节　创业法律基础

　　法律知识是大学生创业过程中必须具备的知识。对非法律专业的大学生来说，他们的法律知识更多地停留在民法和刑法的总则内容上，对于市场主体法、市场规制法、财税法、知识产权法、劳动法等相关法律知识，没有进行全面的、有针对性的学习。尤其是随着我国的立法体系不断完善，关于创业方面的法律法规越来越多，大学生不可能对所有法律法规都进行学习钻研。针对此种现象，本节根据大学生创业的需要和特点，着重介绍与创业相关的重点法律知识。

一、确定企业性质

　　确定企业性质是企业发展的首要步骤，它关系到企业的经营策略、发展方向、市场定位等关键性问题。

（一）企业登记注册类型

　　以工商行政管理部门对企业登记注册的类型为依据，企业可分为以下几种：国有企业、集体企业、股份合作企业、联营企业、有限责任公司、股份有限公司、私营企业、其他企业、港澳台商投资企业、外商投资企业。

1. 国有企业

　　国有企业是指企业全部资产归国家所有，并按《中华人民共和国企业法人登记管理条例》规定登记注册的非公司制的经济组织，不包括有限责任公司中的国有独资公司。

2. 集体企业

　　集体企业是指企业资产归集体所有，并按《中华人民共和国企业法人登记管理条例》规定登记注册的经济组织。

3. 股份合作企业

　　股份合作企业是指以合作制为基础，由企业职工共同出资入股，吸收一定比例的社会资金投资组建，实行自主经营、自负盈亏、共同劳动、民主管理、按劳分配与按股分红相结合的一种集体经济组织。

4. 联营企业

联营企业是指两个及两个以上相同或不同所有制性质的企业法人或事业单位法人，按自愿、平等、互利的原则，共同投资组成的经济组织。联营企业包括国有联营企业、集体联营企业、国有与集体联营企业、其他联营企业。

5. 有限责任公司

有限责任公司是指由 2 个以上，50 个以下的股东共同出资，每个股东以其所认缴的出资额对公司承担有限责任，公司以其全部资产对其债务承担责任的经济组织。有限责任公司包括国有独资公司和其他有限责任公司。

6. 股份有限公司

股份有限公司是指根据《中华人民共和国公司登记管理条例》规定登记注册，其全部注册资本由等额股份构成并通过发行股票筹集资本，股东以其认购的股份对公司承担有限责任，公司以其全部资产对其债务承担责任的经济组织。

7. 私营企业

私营企业是指由自然人投资设立或由自然人控股，以雇用劳动为基础的营利性经济组织，包括按照《中华人民共和国公司法》《中华人民共和国合伙企业法》《中华人民共和国私营企业暂行条例》规定登记注册的私营有限责任公司、私营股份有限公司、私营合伙企业和私营独资企业。

8. 其他企业

其他企业是指除上述企业登记注册类型外的其他内资经济组织。

9. 港澳台商投资企业

港澳台商投资企业包括合资经营企业（港资或澳资、台资），合作经营企业（港资或澳资、台资），港澳台商独资经营企业，港澳台商投资股份有限公司，其他港澳台商投资企业。

10. 外商投资企业

外商投资企业包括中外合资经营企业、中外合作经营企业、外资企业、外商投资股份有限公司及其他外商投资企业。

（二）企业规模

企业规模是指企业在生产、经营、财务等方面的规模大小。按照规模，企业可分为微型企业、小型企业、中型企业、大型企业等。不同规模的企业在市场竞争、政策支持、融资渠

道等方面都有所不同。

1. 微型企业

微型企业是指员工人数较少、经营规模较小的企业。微型企业通常处于创业初期，具有投资较少、经营灵活等特点。

2. 小型企业

小型企业是指员工人数和经营规模处于中等水平的企业。小型企业在促进创新、增加就业、活跃市场等方面具有积极作用。

3. 中型企业

中型企业指员工人数和经营规模较大的企业。中型企业在我国经济发展中具有重要地位，是支撑国民经济的重要力量。

4. 大型企业

大型企业是指员工人数和经营规模非常大的企业。大型企业在我国国民经济中具有重要地位，对国家经济发展具有举足轻重的影响。

总之，确定企业性质是企业发展的基石，企业应根据自身特点、市场需求、政策环境等因素，合理选择企业登记注册类型与企业规模，为企业的持续发展奠定基础。

二、法律环境和责任

（一）了解法律要求

了解与企业相关的法律要求，包括行业规范、劳动法、环境法、税法等。不同的行业和地区可能有不同的法律要求，因此为确保企业遵守所有相关法律，创业者可以采取以下方法。

1. 雇用专业法律顾问

雇用专业法律顾问，了解和遵守法律要求。

2. 研究相关法律

研究与企业相关的法律文件和法规，确保了解应该遵守的法律要求。

3. 参加培训和研讨会

参加相关的培训和研讨会，了解最新的法律变化和要求。

一个具体的案例是 Uber（优步公司）。在不同的地区，Uber 必须遵守不同的法律要求，如交通法规、雇用法规等。他们雇用了专业律师和顾问，与当地监管机构合作，确保他们的业务符合法律要求。

////////// 创新工厂 //////////

小王是一名在校大学生，在外兼职期间认识了已经工作了的小李，两人经常一起吃饭喝酒。某天，小李说打算开一家公司，想让小网一起投资，并且愿意让小王当法人代表，他负责日常业务，小王负责监督。小王一想，投资少还能当老板，又不负责经营，能继续上课、兼职，就答应了。谁知，某天警察到学校找到小王，核实小王法人代表的身份后，就把他带到了派出所。原来，小李用公司的名义向银行借款 500 万元，还骗取客户货款 300 万元，直接"跑路"了。最终小王作为法人代表承担法律责任。

（二）保护个人隐私和数据安全

在数字化时代，个人隐私和数据安全成了一个重要的法律问题和道德问题。企业有责任保护客户和员工的个人信息，并遵守相关的法律法规，具体做法如下。

1. 遵守相关法律法规

了解与个人隐私和数据安全相关的法律法规，如《通用数据保护条例》等，制定并执行合规政策。

2. 采取数据安全保护措施

采取适当的技术和措施来保护个人数据的安全，如加密技术、访问控制等。

3. 透明沟通

向客户和员工说明数据的用处和保护政策，并获取必要的同意。

苹果公司采取了强有力的安全措施和透明的沟通方式，在保护个人隐私和数据安全方面一直表现出色。

（三）保护知识产权

保护知识产权是一项重要的法律责任，涉及专利权、商标权、版权等。企业有责任保护知识产权，并遵守相关的法律法规，具体做法如下。

1. 注册和保护知识产权

根据需要，注册和保护专利权、商标权、版权等，并监督侵权行为。

2. 员工知识产权保护

确保员工了解并遵守知识产权保护的政策和措施。

3. 知识产权合同

与合作伙伴和供应商签订相关的合同，以保护知识产权。

Netflix 公司投资大量资源保护其创意和内容，通过版权合同、数字版权管理等方式确保了对知识产权的保护。

（四）遵守财务和税务法规

遵守财务和税务法规是企业成功经营的关键。企业有责任确保财务报告准确无误，并遵守相关法规，具体做法如下。

1. 雇用专业会计师

雇用专业会计师帮助企业制定、执行合规的财务和税务政策。

2. 定期审计

定期进行内部和外部审计，确保财务和税务合规。

3. 及时申报和纳税

遵守相关的纳税申报要求，按时缴纳税款。

谷歌公司通过雇用专业会计师和税务顾问，严格遵守财务和税务规定，确保合规经营。

（五）遵守劳动法规定

在雇用员工时，企业有责任遵守劳动法的规定，保护员工工时、工资、安全和健康等方面的合法权益，具体做法如下。

1. 雇用法务顾问

雇用法务顾问帮助员工了解和遵守劳动法规定。

2. 制定员工手册和相关政策

制定员工手册和相关政策，确保员工了解和遵守劳动法规定。

3. 培训和沟通

向员工提供必要的培训，确保他们了解他们的权利和责任。

亚马逊公司严格遵守各国劳动法的规定，并与当地工会合作，确保员工的权益得到保护。

（六）确保产品安全

企业有责任确保产品符合安全标准，并承担相应的责任，以避免由产品缺陷导致的法律纠纷，具体做法如下。

1. 遵守产品安全标准

了解与产品相关的安全标准和法规，并确保产品符合标准。

2. 购买责任保险

购买适当的责任保险，以在由产品缺陷导致的潜在损害和法律诉讼中得到保护。

3. 及时回应客户投诉

及时回应客户的投诉和问题，并提供解决方案。

飞利浦通过建立严格的产品质量和安全控制系统，确保他们的产品符合全球安全标准。

通过了解法律要求、保护个人隐私和数据安全、保护知识产权、遵守财务和税务法规、遵守劳动法规定、确保产品安全等方面的具体方法，企业可以更好地应对法律环境，履行法律责任。在创办企业的过程中，及时咨询专业人士、认真遵守法律要求和保持透明沟通，是保证企业合规经营、促进企业成功的重要措施。

第三节　创业资金运作

对于企业来说，资金是创业的基础，是企业可持续运营的保障，也是企业管理的重要内容。对资金的使用和管理考验了创业者在企业管理方面的财务知识、金融知识等。创业者可以不是这些领域的专业人才，但是要具备基础知识，这些知识能帮助创业者规避企业经营风险，合理使用资金，也能帮助企业借助资本优势加快发展。

一、创业财务基础

创业者在企业成立之初就要考虑成本和收入，做好财务预测、成本核算，并运用基础的财务知识掌握企业数据，合理控制成本，增加企业利润。

（一）预测启动资本需求

预测启动资本需求是一项重要的任务，它有助于创业者确定创业项目所需的资金，并为投资者提供决策依据。本节将详细讨论预测启动资本需求的重要性，并提供具体的方法和案例，以帮助创业者更好地预测启动资本需求。

预测启动资本需求的第一步是明确启动资本的组成部分。以下是启动资本的一些常见组成部分。

初始投资：用于购买设备、设施、原材料等启动阶段所需资产的资金。

运营资金：用于支付员工工资、供应商货款等日常运营活动所需的资金。

市场推广费用：用于广告、促销和品牌建设等市场推广活动的费用。

法律和监管费用：用于注册公司、获得必要许可的费用。

研发和创新费用：用于产品研发、技术创新和知识产权保护等方面的费用。

预测启动资本需求的步骤如下。

1. 进行财务预测

进行财务预测是预测启动资本需求的重要内容，具体方法如下：对市场需求、产品定价和销售渠道进行分析，并预测销售额；评估生产和运营成本，包括原材料成本、人力成本、租金、设备成本等；估计投资需求，如购买设备、租赁费用、装修等；预测现金流，在不同阶段确定现金流的盈余和缺口。

一个成功的案例是特斯拉。在进行财务预测时，其团队进行了详细的销售预测，并评估了生产和运营成本。准确的财务预测帮助他们确定了启动资本需求，为公司的健康发展提供了资金保障。

2. 考虑风险和不确定性

预测启动资本需求时应考虑风险和不确定性，具体方法如下：进行灵敏度分析，对关键变量进行灵敏度测试，以评估对启动资本需求的影响；识别和评估潜在的风险和不确定性，如市场波动、供应链问题等，为不确定性因素和项目中的意外情况留出一定的储备资金。

谷歌的创始人拉里·佩奇和谢尔盖·布林预测到谷歌的搜索引擎可能会出现更多需求和流量，考虑到不确定性因素，于是留出了适当的储备资金来应对未来的增长和扩张。

3. 寻求投资

预测启动资本需求后，就要寻求投资了，具体方法如下：先准备一份详细的投资提案，说明商业计划、预测的财务状况和资金需求；通过网络、社交媒体、创业大赛等渠道寻找潜在的投资者；与投资者进行商谈，讨论投资金额、股权结构和其他条款。

一个成功的案例是 Facebook。在成立初期，马克·扎克伯格通过一份精心制作的投资提案，成功地吸引了投资。

4. 监控和调整

一旦预测了启动资本需求，就应该定期进行监控和调整，具体方法如下：定期审查财务报表和现金流，确保实际情况与预测的一致；根据实际情况和市场环境，及时调整启动资本需求；咨询会计师或财务顾问，以获取专业的意见和建议，帮助企业及时调整。

一个相关案例是亚马逊。公司会定期审查财务状况，并根据市场需求和业务发展调整启动资本需求。

预测启动资本需求对于创业者和投资者来说都至关重要。企业通过进行财务预测、考虑风险和不确定性、寻求投资、监控和调整等，可以更好地评估和规划启动资本需求。相关案例提供了较为实际的启示和经验，能帮助读者更好地理解和应对预测启动资本需求的挑战。

（二）成本核算

成本核算是企业管理和控制成本的重要工具。通过成本核算，企业可以了解和管理各项成本，为管理者做出决策提供依据，并优化资源利用。本节将详细讨论成本核算的重要性，并提供具体的方法和案例，以帮助读者更好地理解和应用成本核算。

1. 成本核算的定义

成本核算是指对企业的各种成本进行系统的记录、分类、计算和分析的过程。它涉及收集和分配成本，以及计算和评估成本的变化与趋势。通过成本核算，企业可以更好地了解产品或服务的成本结构，企业管理者也能做出更明智的决策。

2. 成本核算的目标和作用

成本核算的目标是提供有关企业成本情况的信息，为管理者做出决策提供依据。

成本核算的主要作用如下：成本核算提供了企业各项成本的详细情况，可以为管理者做出决策提供重要依据；通过成本核算，企业可以评估经营活动的绩效，如成本效益、利润率等；成本核算可帮助企业识别和控制成本，以提高效益，降低经营风险；通过成本核算，企业可以制定合理的价格策略，以确保产品和服务的盈利能力；通过成本核算，企业可以预测和规划未来的成本变化及需求。

3. 成本核算的内容

（1）成本分类。在成本核算中，成本需要根据一定的标准进行分类，以下是一些常用的成本分类方法。

按照不同的业务功能和部门，成本可分为生产成本、销售和营销成本、管理成本等。

按照成本的行为特点，成本可分为固定成本和可变成本。

按照产品制造的不同环节，成本可分为原材料成本、直接人工成本、制造费用等。

根据成本的发生时间，成本可分为历史成本和预测成本。

（2）详细的成本记录。成本核算需要进行详细的成本记录，以便更好地了解成本结构和变化。以下是一些具体方法：建立标准成本，通过与实际成本的对比，评估成本的变化和效率；将成本分配到不同的作业、产品或服务上，以便更好地追踪和管理；将成本分配到不同的生产过程或环节，以便更好地了解和管理成本变化；将成本直接分配给特定的产品或服务，以便更准确地了解与特定产出相关的成本。

（3）成本分析和报告。成本核算需要进行成本分析和报告，以便管理者更好地了解和利用成本信息。以下是一些具体方法：分析成本的变动情况，以了解不同变量对成本的影响；分析每个单位产量或销售额的成本，为制定定价和做出生产决策提供依据；通过财务报表和成本指标，向管理者提供有关成本的详细信息。

二、创业初期基础财务知识

在经营企业的过程中，创业者要随时监控企业的运营状况，而财务数据能直观地反映企业的运营状况。财务报表就像是企业的"体检表"。人们在体检并拿到体检报告单之后，更关心的是体检数据反映出的健康问题，而创业者通过对财务报表的财务数据进行合理分析，能了解最真实的企业运营状况，这也是财务报表存在的意义。创业者不需要学习太复杂的财务知识，但必须能看懂简单的财务报表。其中，现金流量表、利润表和资产负债表这三个财务报表是必须掌握的。了解企业某段时间资金账户的明细，看现金流量表；了解企业某段时间是盈利还是亏损，看利润表；但是，企业一段时间的盈利或亏损并不一定能反映企业的负债情况，要了解企业的负债情况，看资产负债表。

创业初期基础
财务知识

1. 现金流量表

现金流量表是反映一定时期内企业经营活动、投资活动和筹资活动对其现金及现金等价物产生的影响的财务报表。现金流量表通常包括三项内容：经营活动产生的现金流量，代表了企业从市场竞争中获取现金的能力，这也是投资者的关注点；投资活动产生的现金流量，即企业采购固定资产等投资活动的现金流入流出情况，对于初创企业来说，这部分主要表现为现金流出；筹资活动产生的现金流量，即企业从外部取得资金的情况，如投资者资本投入、贷款收入等。现金流量表体现了企业在一定时期内的现金运转情况，即是否有合理的可支配资金，这在企业经营中至关重要。现金流量表可用于分析一家企业在短期内有没有足够的现金去应对开销，这是企业能否持续运营的重要条件。

2. 利润表

利润表也称损益表，是反映企业在一定会计期间内的经营成果的财务报表。利润表主要包括三项内容：收入、成本及利润。这三者之间的关系相对比较容易理解，即"利润＝收入－成本"。利润表通常分为上中下结构，上部为收入，中部为成本，下部为利润。利润表的作用相对简单，就是体现企业在相应时期内的盈利能力，这也是投资者最为关注的内容之一。

3. 资产负债表

资产负债表作为企业财务报表中最重要的表，就像企业的一面镜子，能够真实地体现企业的财务状况，是反映企业在某一特定时期财务状况的报表。

通常资产负债表包括三项内容：资产，企业所有或控制、并预期可给企业带来经济利益的资源；负债，企业过去的交易或事项形成的、预期会导致企业经济利益流出的现时义务；所有者权益，企业所有者在企业资产中享有的经济利益。这三项内容之间的关联可以用一个公式来体现，即"资产＝负债＋所有者权益"。资产负债表一般采用左右结构，把表格竖向一分为二后，左侧是资产部分，通常依据企业资产流动性的强弱自上而下进行列示；右侧是负债和所有者权益部分，负债通常按照偿还的先后顺序自上而下进行列示，所有者权益按照投入资本和留存收益的顺序列示。

资产负债表的作用具体如下。

（1）企业管理者可以通过资产负债表中资金在不同项目的占用，了解企业的资产情况，包括资产总额、资产的结构和分布等情况，从而进一步分析资产结构的合理性及资产的流动性。

（2）企业管理者可以通过资产负债表知晓资金的来源，并分析企业的财务风险情况。对于企业来说，资金是企业资产的重要组成部分，作为企业资金的重要来源，债权人提供的资金及企业所有者投资的占比大小反映了企业的资本结构，企业管理者可据此分析出企业的财务风险情况。

（3）资产负债表反映了资产和负债的对照关系。在资产负债表中，资产按流动性强弱分为流动资产和非流动资产（或长期资产），负债按偿还期的长短分为短期负债和长期负债。企业管理者可据此分析出企业资产的流动性及偿债能力。

三、创业企业融资管理

当企业有了创意，有了初步的商业计划，组建了团队时，接下来就要寻找资金，而资金的来源主要是融资。融资，狭义上讲是一家企业筹集资金的行为与过程，即企业根据自身的生产经营状况、资金拥有状况，以及企业未来经营发展的需要，通过科学的预测，采用一定的方式从投资者和债权人那里筹集资金、组织资金的供应，以保证企业正常生产需要和经营管理需要的一种理财行为。国家和高校对大学生创业融资有专门的优惠政策，这为大学生创业打开了方便之门。大学生在创业期间对融资知识的学习、融资作用的认知，除了有助于直接获得资金支持，还有助于获得历练的机会等，这些都是大学生不可或缺的宝贵财富。

（一）融资的作用

创业者通过融资不仅可以得到资金支持、支撑企业运转，还能分担风险。此外，创业者通过融资还能获取很多有价值的内容，这些同样是创业者需要关注并在意的。

1. 创业指导

创业者普遍缺乏经验，特别是大学生创业者，在产品、技术、团队管理等方面都有待磨炼。很多投资者，尤其是天使投资者，他们本身在行业中摸爬滚打了多年，积累了丰富的企业管理经验和创业经验，对项目发展有敏锐和专业的洞察力，自然也有扶植和栽培项目的能力。如果能够获得他们的指点甚至孵化，那么在产品方向、技术方案、商业模式、战略框架等方面，创业者可以少走很多弯路。这也是金钱不能取代的宝贵资源之一。

2. 投资者认可

创业者一旦获得了投资，就代表获得了这个投资者的认可。如果这个投资者比较有名气，那么说明这个项目获得了有名的投资者的认可，这就在无形中进行了宣传，从而吸引其他投资者，使考察的成本大大降低，进而使创业者获得更多投资，也为下一步融资做了很好的铺垫。

3. 资源对接

创业者在选择投资者的时候，不能只关注资金，还要关注资源。很多投资者在早期天使投资时，不是直接投入资金，而是提供资源，如旗下企业的销售门店渠道、电商平台的有利位置，甚至是和已有产品嫁接的机会等，这些资源有时比直接投入资金更有价值，因为它们直接为创业者打通了进入市场的通道。市场渠道是资源，人脉也是资源，专家人员的技术指点、相关行业人员的对接，对于创业者来说都是可遇而不可求的稀缺资源，很多时候资金是用来营销及突破技术难点的，但都不如资源更直接、更有利。

4. 产品加速

创业者在产品加速的过程中，有时差的就是那么一点点助力。同样的创新项目，早一日进入市场，局面也许就大有不同。以占领市场为例，对于新兴市场，先进入市场的获客成本往往比后进入市场的获客成本要低很多。扩大市场占有率、提升品牌认知度、早一步吸引流量、甩开竞争对手，都需要资金助力。

（二）融资方式

融资方式是指企业融通资金的具体方式。融资方式越多意味着可供企业选择的融资机会就越多。如果一家企业既能够获得商业信用和银行信用，又能够通过发行股票和债券直接进行融资，还能够利用贴现、租赁、补偿贸易等方式融资，那么就意味着该企业拥有很多的机会筹集到生产经营所需的资金。

企业融资方式可以分为两大类：债权融资和股权融资。

1. 债权融资的概念和常见类型

债权融资是指企业通过举债的方式进行融资。通过债权融资所获得的资金，企业需要支付利息，并在借款到期后向债权人偿还本金。债权融资包括银行贷款、发行债券、信托融资、私募债券融资等方式，企业产生负债，要按期偿还约定的本息，债权人一般不参与企业的经营决策，对资金的运用也没有决策权。债权融资的常见类型具体如下。

（1）银行贷款。银行是企业最主要的融资渠道。按资金性质，银行贷款分为流动资金贷款、固定资产贷款和专项贷款三类。专项贷款通常有特定的用途，其贷款利率一般比较低，专项贷款又分为信用贷款、担保贷款和票据贴现。

（2）债券融资。企业债券，也称公司债券，是企业依照法定程序发行的、约定在一定期限内还本付息的有价证券，表示发债企业和债券持有人之间是一种债权债务关系。债券持有人不参与企业的经营管理，但有权按期收回约定的本息。在企业破产清算时，债券持有人优先于股东享有对企业剩余财产的索取权。企业债券与股票一样，同属有价证券，可以自由转让。

（3）P2C互联网小微金融融资。

此类融资要求企业的信息和运营相对固定，有稳定的现金流及还款来源。同时，企业必须提供担保、抵押。通过此类融资，投资者可以获得高年化收益，借款企业可以获得低成本融资和灵活的借款期限，还可使借款的使用效率更为显化，借款周期和项目周期更加匹配。

2. 股权融资的概念和常见类型

股权融资是指企业的股东愿意让出部分企业所有权，通过企业增资的方式引进新的股东，

同时使总股本增加的融资方式，会影响企业合伙人、所有者和投资者对企业经营管理责任的分配。股权融资可以让企业创办人不必用现金回报其他投资者，而是与投资者分享企业利润并使其承担管理责任，一般投资者以红利形式分得企业利润。股权融资的常见类型具体如下。

（1）公开市场发售。所谓公开市场发售，是指企业通过股票市场向公众投资者发行股票来募集资金，我们常说的企业上市、上市企业的增发和配股都是企业利用公开市场进行股权融资的具体形式。

（2）私募发售。所谓私募发售，是指企业自行寻找特定的投资人，吸引其通过投资或增资入股企业的融资方式。因为股票市场的相关条件限制，大多数中小型企业较难达到上市发行股票的门槛，所以私募发售成为中小型企业进行股权融资的主要方式。

（三）融资的节点及注意事项

在寻找资金前，创业者需要先知道有哪些融资节点。创业者或许听说过种子轮、天使轮、A轮、B轮、C轮等名词。这些名词都与融资阶段有关，对创业者而言，这些就是融资节点。创业者可以先了解一下这些融资阶段代表的含义，并对应创业三大核心内容的发展，同时关注一下资金来源、资金用途，包括投资者青睐的关键点等，通过对融资节点的分析，明确创业项目不同成长时期和融资的关系。

种子轮是指初创企业的第一轮融资，之后是天使轮，接下来的每一轮融资从A开始依次以字母命名，也就是A轮、B轮、C轮，有些企业的融资甚至到了D轮、E轮、F轮，之后就是Pre-IPO阶段和IPO阶段。Pre-IPO阶段是私人企业为上市奠定基础的重组阶段。IPO的英文全称为Initial Public Offerings，即首次公开募股。

1. 融资时机要抓节奏

根据对融资节点的分析，不难发现，每个融资阶段的资金用途不同，企业进行每一轮融资都有不同的发展需求。从企业自身发展的角度来看，融资的节奏自然是越快越好。创业企业既需要资金完成产品的打磨、市场的验证，又需要和竞争对手赛跑，迅速拉开距离。目前，我国很多创业企业由于知识产权意识薄弱，很容易地被竞争对手模仿甚至赶超。因此，如果创意的门槛比较低，加上背后没有资金的支持，就更难甩开竞争对手，进而失去占领赛道的先机。

随着创业市场的逐步成熟，投资者不会再为"烧钱"的营销方式买账了，特别是在项目早期，投资者会更关注企业的创意和产品的发展前景。因此，创业者在早期可以凭借产品的"创意"、"故事"和"预测"来说服投资者，从某些程度上来说，这个时期投资者的感性判断多于理性判断，或者说投资者凭借自身的投资经验来决定是否投资。换个角度说，这也是创业者获得投资的绝佳时机。

从企业的发展脉络来看，在企业逐渐发展、成熟、壮大的过程中，每个节点都履行着企业九字诀，即价值观、方法论、执行力。不同时期有不同的价值观，价值主张在不断地完善，商业模式也在逐渐定型。融资的时候，商业计划书是核心资料，如果创业的三大核心内容清晰了，商业计划书就容易呈现了。这样创业者在对产品打磨的过程中，也会更明确方向，更能把握融资的节奏，将资金投入每个阶段的核心环节，让企业充满信心地向下一步迈进。

2. 融资最终关注数据

在以往的创业项目中，经验告诉我们，融资节点不同，投资者的关注点也就不同。在种子轮阶段，吸引投资者的主要是产品的创意、方案，甚至是一个想法，另外关注的就是人。到了天使轮，投资者开始关注创业团队和项目前景。到了 A 轮、B 轮、C 轮，随着商业模式的完善，对产品和市场了解的深入，收集的各种数据越来越多，投资者主要关注产品验证的数据、用户反馈的数据、财务金融的数据等。因为这些数据可以从各个方面反映创业企业是否趋于成熟，产品是否切入了正确的市场，投资是否对投资者有利，投资者是否能获得回报。当然，市场上的确出现过在只有一个人和一个想法，甚至连核心团队都没有的情况下，依然能够获得投资的个案，而这只说明了，投资的所谓标准可以被打破，这似乎是对创业者融资的利好消息。但是，创业者需要理智和清醒地知道，在投资环境不景气的情况下，特别是越来越多的人投身创业的大潮中的时候，投资者反而越来越谨慎，衡量标准越来越严苛，评价的维度也越来越多元。他们对数据的关注度越来越高，甚至可以说，在每个阶段，投资者都会关注数据，否则他们不会轻易投资。在很多种子轮，甚至天使轮的路演中，投资者就产品的用户转化率进行提问的情况比比皆是。

反过来，无论投资环境如何，创业者都要加强对产品创新创意的追求，做好数据积累和收集。另外，数据不仅是当下创业项目运行的数据，还可以追溯到对市场的预测分析、对技术的前瞻性观察、对新商业模式的推演等，这些都有助于创业者跳出思维局限，想出天马行空的创意，因此在早期有预见性地关注数据非常重要。

3. 融资不是必经之路

有很多人认为创业似乎离不开融资，融资是创业的唯一出路。但是，无论是从全球市场还是从我国市场上看，创业项目融资成功的比例不超过 3%，这说明融资非常难。而另外一个数据又告诉我们，创业公司存活过 3 年的超过 30%，也就是说，有将近 27% 的创业项目即使没有获得融资依然可以发展得很好，甚至比获得融资的项目还要好。

融资不是创业的必经之路。创业的必经之路离不开商业之道，而商业之道就是创造利润，创造利润的核心是把产品做好。与其一上来就找投资者，不如快速行动，先做出一个原型。

例如，很多创业项目的产品都是一个 App，或者以 App 为载体。可否在做 App 之前，先做一个简单的 H5 原型，在小范围的天使用户中收集一些反馈数据，测试一下市场反应。当对产品逻辑及其核心价值非常清晰的时候，就可以开始考虑是否需要融资。因此，不是每个成功的创业项目都要选择融资，但是成功了的创业项目一定离不开踏踏实实的思考和实践。

（四）大学生创业者的融资渠道

很多大学生创业者在寻求融资的阶段是比较迷茫的，他们的创业资金大多来源于父母或亲朋好友，这样的资金没有利息，或者利息很低；另外，有了亲人的支持，在创业道路上也会信心十足。但是，创业家亚当·切耶尔认为，创业资金最好一开始不要来源于亲人和朋友，因为他们肯出钱是对创业者本人的信赖或看好，对于产品本身的创新创意或市场前景判断不足。亚当·切耶尔鼓励创业者通过融资走向市场，从第一步就开始面向市场，这样获得的融资会更有针对性。对于大学生创业者来说，关注适合自己的融资方式，选择适合自己的融资渠道，至关重要。

1. 创业优惠政策

目前，各地对大学生创业的优惠政策比较多，大学生创业者可以申请相应的税收、工商注册、贷款、场地、培训、创业指导、路演等创业优惠政策，从而降低创业成本。另外，很多高校也出台了大学生创业扶持政策，有些搭建了孵化平台，为大学生创业提供了便利的支持。有创业意愿的大学生，可以提前关注学校招生就业办公室的有关政策，关注最新政策的变化，了解政策要点及申请流程和条件。

2. 创业大赛

创业者寻找融资可以考虑常用的融资渠道，如银行贷款等，但是对于没有太多社会经验和社会人脉资源的大学生来说，融资风险还是很大的，更重要的是时间成本较高。参加高校或机构组织的创业大赛不失为一个较好的途径。目前，我国比较有影响力的创业大赛有"创青春"全国大学生创业大赛、中国"互联网＋"大学生创新创业大赛。另外，各类机构组织，包括行业代表也会举办各种针对大学生的创新创意大赛，一方面是为了响应国家的政策号召，另一方面是为了实现资源对接。学校推荐或学校引入的创业大赛在资质、资源和质量上都有保障。创业大赛一般会设置奖项，也会为优秀指导教师设置奖励。此外，有的金融机构会对符合要求的获奖项目提供创业基金与贷款授信，组委会也会帮助大赛获奖项目团队申办微型企业免费入驻孵化基地的资格等。

参加创业大赛不仅可以将想法落地，更重要的是，可以提前体验创业的历程，并提早吸引投资者的眼光。而投资资源的对接往往是创业大赛的最终目的，孵化出成功的创业项目更是校企合作的重要目标。或许有的大学生，开始只是有一个简单的想法，但是经过创业大赛提供的平台走向孵化、获得资源、得到资助，从而踏上了创业直通车。2018 年在杭州举办的"创青春"浙江省第十一届"挑战杯·萧山"大学生创业大赛决赛中，16 件创业实践作品累计获得投资 23 亿元。在杭州湾信息港举行的路演邀请赛上，这 16 件作品分别获一、二、三等奖和优秀奖。据萧山区科技局介绍，如果获奖创业项目落户萧山，还将获得最高 20 万元的大学生创业补贴。

四、企业合理估值

当创业者踏上创业之路时，融资就成了创业者需要列入计划内的一件事情。无论企业最终要利用融资获得资金或规避风险，还是企业可以发挥自身核心竞争力，一直运转良好不需要融资，对企业进行合理估值都是创业者必须做的事情。

（一）估值方法

估值的方法非常多，维度也不少，这里仅介绍两个非常简单的方法给创业者参考，因为完成这个环节的思考，比算出具体的数字更重要。

1. 对比法

对比法是大多数投资者会采用的估值方法之一，这一方法主要参考的逻辑是锚定效应。锚定效应是指当人们需要对某个事件进行定量估测时，会将某些特定数值作为起始值，起始值像锚一样制约着估测值，而在做决策的时候，人们会不自觉地给予最初获得的信息过多的重视。举个例子，创业者开了一家家具店，售卖高级家具 B，价格比普通家具 A 高 25%，而另外一家家具店则以售卖普通家具 A 为主，客户都觉得他家的普通家具 A 更经济实惠，导致创业者的家具店销量很低。这时可以试着购进一批比现有家具 B 更贵的家具 C，重新去构建用户的锚定效应，形成 A 最便宜、C 最贵、B 性价比最高的感觉，这样用户就会转过来买一分价钱一分货的 B 或 C 了。按照同样的逻辑，创业者可以找近期市面上类似的企业融资案例进行对标，完成评估。

2. 融资估算法

创业企业在早期融资的时候，通常是通过出让一定比例的股权来进行融资的，出让比例一般为 10%～20%。创业团队可以根据需要的金额，或者下一个阶段需要的资金来计算比例。

估值 = 融资金额 / 出让比例

在确定了融资金额及出让比例后，创业企业的估值也就出来了。例如，创业企业需要融资 500 万元，出让比例为 10%，那么企业估值就是 5000 万元。在这个算法中，还可以通过对融资金额和出让比例进行调整来得到不同的估值，主要取决于创业者决定采取的融资策略。

（二）合理估值的作用

1. 完成自我认知

创业者是否一定要对自己的企业进行估值？另外，如果创业者还没有融资的打算，是否也一定要估值？答案是肯定的。也许有人会质疑，现在企业发展尚在早期，还谈不上具体的业务数据，更没有财务数据，太早进行估值的意义何在。

创业者进行早期估值的一个很重要的作用是完成自我认知，了解企业自身除有形固定资产以外，还有哪些是有价值的无形资产。产品和技术、渠道资源、竞争优势、合作伙伴、团队实力，这些都是创业者进行早期估值要关注的。也就是说，当创业者进行早期估值后，就能清楚地知道企业自身的硬实力和软实力，而这些内容都是企业的无形资产。

因此，创业者不管是否有融资需求，是否要撰写商业计划书，对自己的企业进行估值是非常有必要的，这是衡量企业下一步能走多远、能走多好的一种方法。

2. 做好融资准备

即使创业者当前没有融资的需要，也可以将融资列入计划中。对企业进行估值，能进一步指导创业者完善商业计划书，或者确切地说，完善商业计划书中有关融资的部分。因为有了对企业的自我认知，创业者就可以随时回答投资者的问题，也可以随时知道企业价值可能带来的融资金额，并清楚地知道自身的市场地位。另外，在融资的早期阶段，实实在在的企业价值可以根据企业现有的资产估算出来；而企业的潜力和无形价值，创业者也要看到。很多时候，投资者独具慧眼，也许能够发现创业团队的特殊价值，但更多时候，在众多选择中，投资者面对大量商业计划书更像是大海捞针，此时需要创业团队能够直接地、生动形象地向投资者指出、讲述或描绘企业的无形价值，从而打动投资者。

当然，虽然我们说融资不是必经之路，但也谈到过融资可以分担风险。无论创业者最后是否选择融资，都要做好充分的准备。

五、企业融资风险与管理

企业在发展的过程中，要扩大生产就必须接触融资，并进行融资风险管理。企业融资风险管理是一项管理工作，也是一种风险控制措施。那么，什么是企业融资风险管理？措施包括哪些？企业融资风险管理可以在一定程度上规避项目中存在的风险，并且对可能出现的风险提出防范措施和解决的办法，从而避免一定的经济损失。

（一）融资风险的类型

1. 政治风险

投资者与所投项目不在同一个国家或贷款银行与贷款项目不在同一个国家都有可能面临由项目所在国家的政治条件发生变化而导致的项目失败、项目信用结构改变、项目债务偿还能力改变等风险，这类风险统称为政治风险。政治风险可分成以下两类。

（1）国家风险，即项目所在国政府由于某种政治原因或外交政策上的原因，对项目实行征用、没收，或者对项目产品实行禁运、联合抵制，中止债务偿还的潜在可能性。

（2）国家政治、经济、法律稳定性风险，即项目所在国在外汇管理、法律制度、税收、劳资制度、劳资关系、环境保护、资源主权等与项目有关的敏感性问题方面的立法不健全、管理不完善，经常变动。

降低政治风险的办法之一是购买保险，包括纯商业性质的保险和政府机构的保险。

2. 经营管理风险

经营管理风险主要用来评价投资者对于所开发项目的经营管理能力，而这种能力是决定项目质量控制、成本控制和生产效率的一个重要因素。经营管理风险包括以下三方面：项目经理是否有在同一领域的工作经验和资信；项目经理是否为项目投资者之一；项目管理团队的专业性和稳定性如何。

经营管理风险的程度与企业经营目标取向、企业文化及管理者的才能息息相关。企业融资的经营管理风险存在于整个经营活动之中，因为经营不善而使企业的现金流量减少、资金链断裂、到期债务不能偿还，都会影响企业的生存。

3. 财务风险

目前在我国，可供企业选择的融资方式主要有银行贷款、发行股票、发行债券、融资租赁和商业信用。不同融资方式在不同的时间有不同的优点和弊端，如果选择不当，就会增加企业的额外费用，减少企业的应得利益，影响企业的资金周转，从而形成财务风险。

4. 道德风险

企业的道德风险一方面来自本身，如注册资本不实、财务报表不实、融资项目不实等。企业本身的道德风险主要是指企业利用自己的信息优势损害投资者利益，从而导致的风险。这是企业融资中较大的风险，不仅会使投资人参与融资的风险加大，也会阻碍市场经济的正

常有序运行。另一方面是政策性道德风险，是指企业违反国家法律规定从事经营活动或谋求某些特殊权利的活动，其基本特征是违反国家法律规定。

5. 信用风险

有限追索的项目的融资是由有效的信用保证结构支撑的，项目的信用风险是指各个信用保证结构的参与者能否按照法律条文在需要时履行其职责，提供其应承担的信用保证。这一风险贯穿于项目的各个过程之中。

6. 能源和原材料供应风险

能源和原材料成本在整个生产成本中所占的比重很大，因此其价格波动和供应可靠性成为影响项目发展的一个主要因素。充足稳定的能源和原材料供应能有效降低能源和原材料供应风险。能源和原材料供应价格指数化对各方面都有一定好处，因此特别受到创业者的欢迎。

7. 环境保护风险

鉴于在项目融资中，投资者对项目的技术条件和生产条件比贷款银行更了解，因此一般环境保护风险由投资者承担，包括对所造成的环境污染的罚款、改正错误所需的资本投入、环境评价费用、环境保护费用及其他的一些成本。

（二）风险控制与管理

融资总风险是指由融资规划引起的企业收益变动的风险，它受营业风险和财务风险的双重影响。在融资过程中，企业如果同时利用营业杠杆和财务杠杆，融资风险也会相应增大。

企业融资的风险控制措施具体如下。

1. 提升企业信用等级，提高融资水平

企业提高融资水平最为关键的因素就是企业的信用等级，企业只有提升信用等级，才可以在融资方面获取更多的资源。首先，企业要完善财务管理制度与经营管理制度，高层管理者要重视企业管理，从员工的发展出发，制定合理的规章制度来保证员工有效完成工作，保证企业各部门有效运转，同时在财务上要建立透明机制，实现账务公开化，发挥群众的力量来进行监督，提升财务管理水平。其次，企业在对外经营方面，要秉持诚信经营理念，增强重合同、守信用的自我约束意识，从而提升企业的信誉，对外树立一个良好的形象，提升企业的信用等级。

2. 建立科学的融资结构，有效规避融资风险

控制好企业的融资风险，具体可以通过以下方式。尽管融资的方式有多种选择，但是无

论企业选择哪一种方式都是有代价的，再加上其中会受到来自不同方面的因素的干扰，更加需要对从各种渠道得到的资金予以权衡，从企业自身发展出发，考虑经营成本、投资收益等多个方面，将资金的投放和收益结合起来，在融资之前做好决策，以免出现失误。企业需要从资本结构的角度出发，建立科学的融资结构，使各种融资方式之间可以相互补充，从而有效规避融资带来的风险。

3. 加大管理力度，做好企业融资风险的防范工作

做好企业融资风险的防范工作，可以通过以下几个方面来实施：首先，企业的管理人员要树立风险意识，认识到在企业的发展中风险是在所难免的，要端正态度并采取有效的措施来降低风险，还要做好各项财务预测计划，合理安排筹集资金的数量和时间，从而提高资金利用率；其次，如果在融资过程中因利率变动而产生风险，就需要企业认真研究资金市场的供求情况，研究利率的实际走势，具体问题具体分析，进而做出合理的安排。

第七章 "双创"相关赛事解析与典型案例分析

【素养目标】本章旨在通过介绍"双创"相关赛事、参赛建议,以及典型案例,帮助学生更好地了解"双创"赛事,让学生在创新创业中增长智慧才干,切实增强学生的创新精神和创业意识,提高创新创业能力。

在这个充满机遇和挑战的时代,创新和创业已成为推动社会进步和国家发展的重要力量。"双创"赛事通过比赛的形式激励大学生把具有创造力的想法实现,它不仅仅是一场比赛,还是实现信息透明、资源对接、项目推进三者完美结合的催化剂。解读"双创"赛事内容,分析过往"双创"赛事案例,可以使读者了解目前大学生的"双创"水平,找准目标定位,并积极行动。

"双创"赛事
介绍

第一节 "双创"相关赛事解析

一、参赛建议

创新是一种文化底蕴下思维的碰撞;创业是对我们智商、情商和胆商的发现与创造。"双创"赛事包括科技发明创新、学术调查研究及模拟商业运营等多种不同的比赛。这些比赛有一些共同的特点,如都是通过校赛选拔进入省赛、国赛的,初赛是通过材料文本选拔的,复赛和决赛是通过路演答辩选拔的。在准备比赛的过程中,有以下经验可供我们参考。

(一)激发创意,勇于尝试

很多学生看到参赛要求和规模,就望而却步。但从分组上可以发现,比赛将各个阶段的项目分组分得非常细致，就是为了鼓励学生从产生创意想法的萌芽阶段就参加比赛。从创意组、初创组、成长组到创业组，这样的分组也是项目成长迭代的过程。可以这样来理解，好的项目从一个好的创意开始，行动比思考更重要，鼓励大学生积极思考、勇于尝试，不必害怕失败。

（二）提升认知，不断历练

很多在比赛中获奖的项目并不是第一次参赛，很多项目都是屡败屡战最终才取得了让人羡慕的成绩，也有不少项目开展了很多年，才取得了一点点成果。一方面，一个成功的项目需要市场来验证；另一方面，一个项目需要走完从创意到落地的完整过程，才算经得住考验，而这些都需要时间。比赛是一次很好的机会，能帮助参赛者互相学习、提升认知，最重要的是参赛者能通过比赛得到历练、验证并及时弥补项目的不足之处。好的项目只有经过不断地打磨、纠错、修正，才能趋于成熟，而这些都需要创业者身体力行地经受所有的考验，才能摸索出来。因此，参赛项目在第一次比赛后还有机会不断成长，等时机成熟时可以再次参赛。

（三）开阔视野，捕获商机

比赛的目的是让参赛者走进来，也走出去。走进比赛，根据标准化的赛制规范自己的项目，同时站到一定的高度上。走出去，将自己的项目展示给更多的人，这样可以"放大"创意的价值，更重要的是，被认知的过程也是认知自己的过程，找到差距也是寻找资源的开始。比赛为参赛者提供了直接的资源对接渠道，无论是指导还是投资，都能让参赛者得到帮助，缩短项目落地时间。

（四）参赛心得

1. 选题很重要

选题一定不是空想出来的，而是借鉴＋比较＋创新。

（1）政府工作报告和官方文件。大部分比赛都是围绕社会现象、社会问题、未来发展等方面，来训练和培养大学生发现问题、解决问题的能力的，因此政府工作报告和官方文件所蕴含的信息可以作为比赛评审获奖项目的热点方向。

（2）领域内"大咖"的采访和演讲。不管是哪一行业、哪一领域，都有自己的圈子，而那些"大咖"对于本行业、本领域的见解和预测，可以让备赛的新手小白迅速了解这一行业或领域的发展情况，带给他们一些灵感。

（3）在生活中的细微处。艺术和科学源于生活并改变生活，一个好的项目一定是贴近生活的，一个优秀的获奖项目可以在一定程度上解决生活和社会上的痛点或问题。任何一个小

小的痛点，都可能是一个伟大的想法。

2. 千万不能纸上谈兵

（1）一定要考虑项目的可行性和可推广性，只停留于空想很难走远。

（2）考虑是否真的有市场和较广的受众群体。

（3）考虑是否有合作方、支持方。

（4）考虑团队成员实地考察调研和推广的可能性。

3. 千万不要"思维固化"，走进窄胡同

（1）选题本身应该具有包容性，能够提供无限可能。

（2）注意经济效益与社会效益的统一，要展现大学生的担当和社会责任。

（3）项目要有个别领域或模块能够展现出社会效益。

4. 定期对团队成员进行培训

如果想要高质量完成项目，则需定期对团队成员进行培训，目的在于提高团队成员的备赛能力，厘清参赛流程、注意事项、评审细则等备赛内容，并提高团队成员在备赛过程中的各项能力，如商业计划书撰写与排版能力、展板与海报制作能力、PPT制作能力、路演与答辩能力等。

二、参赛作品的通病

（一）产品或服务描述得不够完整、不够清晰

很多参赛团队在提交商业计划书时，关于项目产品或服务的内容描述得不够完整、不够清晰。项目产品采用了哪些关键技术，具有哪些服务功能，使用了哪些新型材料，尺寸有多大，重量是多少，为什么样的人群提供服务，产品的成本是多少，销售价格是多少，产品的环保性如何，这些内容都需要进行详细描述。项目产品或服务描述得不够完整、不够清晰，评委就不容易进行全面了解，就会影响其对项目的评分。

（二）特色不突出、亮点不突出

由于现在很多参赛项目同质化十分严重，这就需要参赛者把自己项目的特色提炼出来，把项目的亮点呈现出来。但是，很多参赛项目的特色不明显、亮点不突出，给评委的感觉就是项目一般，这自然会影响评委对项目的评分。

（三）项目优势不明显

参加"双创"赛事，比的是项目特色，比的是项目优势，但是很多参赛项目对项目优势的描述不够清晰、不够理想，不知道该从哪些方面来梳理、提炼和呈现项目优势。当评委看不到你的项目有哪些优势时，评分自然也不会太高。

（四）团队能力不强

只要参加"双创"赛事，团队能力就属于评分项。但是，很多创业团队在参赛时，没有描述清楚团队轮廓，没有突出团队的个人能力和整体能力。团队能力包括专业性、互补性、创新性、协同性与执行力等。围绕团队能力向评委清楚地描述团队画像十分重要，否则一定会影响评委的评分。

（五）市场概况分析不够

参赛的创业项目一定要对与项目相关的国家产业政策、市场规模和竞争对手等内容做简要介绍和分析。国家出台的政策是支持你的项目发展还是限制你的项目发展；目前这个项目的市场空间有多大，是 10 亿元、50 亿元、100 亿元，还是只有 3000 万元、5000 万元；目前已经有多少竞争对手，是几十个、几百个，还是几千个；这些竞争对手的产品与你的产品对比如何等。目前，很多参赛项目在市场概况介绍方面描述不完整、分析不到位，这肯定会影响评分。

（六）创新性提炼不全面

现在的"双创"赛事是"创新＋创业"比赛，创新放在创业的前面。所以，在参加比赛时，一定要把项目的创新性描述清楚。但是，很多参赛项目不知道该如何描述项目的创新性，不知道该如何提炼项目的创新点。创新性是评委十分关注的方面，也是评分项。项目是否具有技术创新、产品创新、设计创新、应用创新、集成创新，是否具有专利权、著作权等知识产权，这些内容都需要参赛者进行全面和深入的思考。

（七）市场营销策略描述不完整

创业项目的关键在于项目的实施，项目的实施离不开市场营销策略的规划与制定。现在很多参赛团队在介绍市场营销策略时，不能较好地结合工商管理的专业知识，而仅仅是使用微信朋友圈、QQ 群、微信公众号、手机 App 等手段去做营销，能够应用产品策略、价格策略、渠道策略、促销策略、衍生营销、回馈营销、会员营销、故事营销等组合营销手段的团队很少。

另外,有的商业计划书对市场分析进行了大量描述,但是没有做竞品调研,有的即便做了,也非常简单和片面,甚至直接说目前市面上没有竞争对手。例如,为了解决当地家教市场有需求但是教师资源良莠不齐的问题,某项目提出的解决方案是建立一个一对多的家教互联网平台。整个商业计划书的篇幅很长,市场前景、预算、目标市场规划,甚至落地的场地教室、企业规章制度等内容都面面俱到,但是唯独没有涉及竞品分析的内容。大家都知道,补习班市场目前早已实现了网络化,在网上随便搜一下就可以搜到几个非常有名的品牌。如果创业者能分析一下这些已经成熟的产品的优势和劣势,找到自身产品的差异和竞争力,不见得找不到突破口,否则凭什么让人相信项目上线就一定会比这些成熟的产品更容易被市场接受呢,或者说人们为什么要选择你的产品。

因此,这类报告看似有痛点、有调查、有数据、有分析,但是没有考虑现有市场已有产品的状况,说服力是非常弱的。让人不得不怀疑,这就只是一份计划而已,和项目实施、项目落地还差得太远。

(八)财务分析不够完整清晰

很多参赛项目在做财务分析与介绍时,总是说不完整、说不清楚创业项目的启动资金是多少,筹资渠道有哪些,项目成本支出有哪些,项目年销售额有多少,项目年利润有多少,项目投资回收期需要多长时间。

(九)商业模式创新性不足

参赛项目的商业模式是评委普遍关心的问题,但是很多参赛项目说不清楚自己的商业模式是什么。"双创"比赛已经开展了很多年,评委已经不太关心你的商业模式怎么去挣钱,而更多地关注商业模式是否有创新性,这些创新性是否会给整个市场带来颠覆。

(十)指导老师的水平参差不齐

分析和总结了商业计划书中的不足之处后,值得说明的是,其实很多商业计划书中的创意还是可圈可点的,只是项目的过程把控、分析方法等不够充分和专业,才会与奖项失之交臂。一方面大学生的优势在于不受束缚的创意、大胆的想象、肯钻研的热情,这些是不用经过专业工具分析,也不用经过专业指导的。另一方面,大学生面对创新创意,缺乏的恰恰是专业的方法论、专业的辅助工具、专业的分析和解决问题的方法,需要的是经验的积累,更需要专业的指导和培训。指导老师是项目中的导师,既能让学生的想法不会跑得太远,又能在各重大节点帮助项目推进;既能让学生发挥他们的优势,又能把控项目的节奏和进程,让项目向实施落地的方向逐步靠近。同一个创意，如果由不同的老师进行指导，会呈现不同的走向和结果。在学校，学生的项目能走多远，往往是由老师和学生共同决定的。

因此，参赛项目一方面展示的是学生团队的水平，另一方面也是老师指导能力的表现，指导老师的水平高，可以帮助学生少走很多弯路。创业的经验积累更多地来自"真刀真枪"的实战，它和普通的学科知识相比，更加社会化、市场化。指导老师需要走出校门，更多地了解专业工具的真实落地场景，真正提高自身的指导水平。

第二节 "双创"相关赛事案例分析

一、像素科技——Sandbox 精准赋能传统文化新方向发展新模式

（一）项目介绍

当前国家出台各项政策支持文化数字化发展，形成文化数字化产业。该团队将传统文化与游戏相融合，开发出新的游戏产品，精准赋能传统文化新方向、发展新模式，积极发挥游戏正能量引导。

在文化与游戏融合发展的大背景下，团队切实分析市场数据，从市场痛点入手，通过游戏实现文化数字化。经过前期资金积累，团队将着手打造一款以中国优秀传统文化为背景，宣传传统文化的游戏。

（二）市场分析

1. 市场调研

通过对学生群体的调研，当代青少年倾向于以游戏等娱乐方式了解传统文化，但当前我国文化类游戏较少。

游戏销售收入增速不断上升。随着社会现代化、电子化程度的不断加深，在物质层面日益得到满足的基础上，人们对于精神娱乐层面的需求不断增加，网络游戏基于其故事性、社会性和交流性，已经成为当代人群休闲娱乐的主要方式之一，网络游戏的市场规模不断扩大。

2. 市场痛点

（1）部分主流游戏没有体现传统文化。

（2）讲传统文化的游戏体验感不佳，没讲好故事。

（3）传统文化类游戏多为单机游戏和网页版对话式游戏。

3. 解决方案

（1）将传统文化与游戏有效融合。

（2）还原历史，打造精彩故事。

（3）以第一人称视角融入故事，感受传统文化内涵。

（三）商业模式

（1）解决市场痛点，打造独特卖点。文化与游戏融合，打造以传统文化为背景，互动性强、情节有吸引力的沉浸式游戏。

（2）细分客户，多样化推广。把握客户群体，主要以自有渠道和合作伙伴渠道进行推广。

（3）探寻盈利新模式。构建"互联网＋"时代下的新型 IP 产业链模式和网络授权直播模式等新模式。

这个项目将传统文化与游戏有效融合，打造了一款以传统文化为背景的游戏，在游戏中展现了传统文化，弘扬了传统文化。这不仅是将专业技术商业化，还是创始人对传统文化的思考与探索。

二、资源枯竭型城市经济转型研究——以湘中地区城市为例

（一）项目介绍

资源枯竭是当今世界资源型城市必须面临的一大现实问题，随之带来的各种社会、经济、环境等问题严重影响了社会的发展和人们的生活，就目前而言，只有通过经济转型这一路径来实现城市的可持续发展。该项目围绕资源枯竭型城市、经济转型、循环经济、绿色经济、特色经济等关键词对湘中地区的资源枯竭型城市经济转型进行了分析和研究。近十多年来，研究资源枯竭型城市经济转型的国内外专家及其作品通过各种科学的研究方法从多个角度对此进行了分析与研究，取得了较好的成果，但对湘中地区资源枯竭型城市经济转型进行分析和探讨的作品不多，缺少适合该地区地域特色经济建设的指导性建议。该项目学习各种研究的成果和理论，融入湘中地区的地域特色，运用文献研究法、经验总结法、描述性研究法，

系统分析了该地区经济转型所面临的困境、拥有的优势及对策，为湘中地区资源枯竭型城市探寻特色化的经济转型之路提供了依据。

（二）项目专业信息

1. 撰写目的和基本思路

目的：在经济转型成为资源枯竭型城市必然选择的大背景下，系统分析湘中地区资源枯竭型城市经济转型的必要性、优势及对策，明确其经济转型方向，为其转型提供对策建议。

基本思路：首先，从湘中地区的经济、结构、资源等方面分析该地区资源枯竭型城市经济转型的必然性；其次，客观分析该地区的人文环境、自然资源、经济建设等优势；再次，在困境与优势的前提条件下探讨转型策略；最后，得出实现"两型社会"的结论。

2. 科学性、先进性及独特之处

该项目学习并结合与之相关主题的优秀作品及研究成果，融入新时代全球经济发展的主要方向，运用经济学理论分析权威的调查数据，构成了一个严谨的研究分析构架，运用文献研究法、经验总结法、描述性研究法，对湘中地区资源枯竭型城市的经济转型进行了全面分析，探讨出经济转型的具体路径，弥补了以经济发展为主流指导思路，结合湘中地域特色进行经济转型的研究缺陷。

3. 应用价值和现实意义

该项目结合全球的研究成果和地区的特色优势，遵循环境友好型社会的发展要求，探寻湘中地区经济转型的特色化的循环经济之路。该项目分析了湘中地区资源枯竭型城市经济转型的必要性，该地区经济转型拥有的优势，探讨出经济转型的具体路径。该项目还从多个角度对湘中地区资源枯竭型城市所面临的困境进行了分析，并在分析的基础上提出了可行性意见，从而为湘中甚至为中国其他资源枯竭型地区经济转型提供了指导性的对策建议。

（三）同类课题研究水平概述

国内近几年的同类课题以资源枯竭型城市的经济转型为研究中心，研究方向多样化，研究体系不断完善。在 2006—2010 年的研究课题中，以下专家和学者及他们的作品可以充分体现我国现当今的研究水平：基于资源枯竭型城市失业人口再就业问题，研究了闭矿裁员后政府的应对措施，以此维持社会稳定（李宏舟，2008）；产业转型必须以雄厚的人才资本做保障，人才是资源枓竭型城市经济转型的主体核心因素（张芳，2008）；城市转型离不开政府政策和市场导向，可持续发展需要政府区别对待处于不同发展时期的资源枯竭型城市（宋冬林，

2009）；研究资源型城市规划策略，总结出"生态需要空间""质量需要空间"的价值取向，抓住时间和空间的转移关系破解困局（许顺才，林纪，2009）；综合产业转型所面临的困境，对我国资源枯竭型城市经济转型引发的思考与研究进行阐述和分析（黄禹铭，2010）。

近几年的相关文献从与资源枯竭型城市经济转型相关的一些角度结合地域特色进行了分析与研究，因此资源枯竭型城市的特色可持续发展道路在理论和实践上有了一定的基础。"绿色经济"已成为全球共识，资源枯竭型城市建设与经济转型应该以此为指导。另外，新生的资源枯竭型城市会伴随新的问题出现，湘中地区资源枯竭型城市就表现出该地区资源枯竭型城市经济转型的独有困境及拥有的优势，但学术界对此问题的分析与研究存在不足。

三、健康"智"伴侣——家用胰岛素注射器

（一）项目概要

随着居民生活水平的不断提高，饮食结构不断变化，糖尿病患者的人数逐渐上升。自2018年起，我国糖尿病患者正在以大约每年800万人的数量逐年增长，且出现了糖尿病患者年轻化的趋势。随着社会的进步，糖尿病患者对于家用胰岛素注射器的需求也不再只停留于安全和生理的满足。很多糖尿病患者对传统的笔形胰岛素注射器还是比较抗拒的，还有些患者外出需要在公共场所进行注射，传统的注射器会让其产生一些羞耻感。所以，一款打破固式思维、人性化设计的胰岛素注射器成了研究重点。同时，政府也大力提倡健康产业、医疗器械等方面的发展。

（二）市场分析

1. 市场问题描述

随着糖尿病患者的增加，市场对胰岛素注射器的需求量也逐年增加，而传统的胰岛素注射器功能单一，外观简单，不能满足用户的多样化需求。

2. 市场原因分析

在知网上查询胰岛素注射器的专利，我们发现传统的胰岛素注射器专利被垄断，难以突破技术壁垒，现有技术停滞。产品的开发不能仅停留于使用功能的实现上，还应从产品的品牌、功能、形态和用户情感等多角度进行设计研究。

3. 市场规模

随着老龄化进程的加快，目前中国已进入老年型社会，而糖尿病患者的主要群体为老年

人。并且近几年来，我们通过调查发现糖尿病正不断呈年轻化趋势。而糖尿病是不可根治的疾病，会伴随患者一生，糖尿病患者的必需品——胰岛素注射器成了必不可少的用品。

（三）产品介绍

1. 产品外观

仓身外壳为圆润形态，呈磨砂质感，没有生硬感，给人带来温暖、柔和、安定的感觉，使产品更有人情味，让使用者在使用胰岛素注射器的过程中能感到舒适、亲切，具有更好的情感体验。

2. 产品技术

产品具有三大核心技术。

（1）实现精准注射，快速无痛。

（2）实现了个人健康监控和医生远程指导，可在小程序的健康数据报告界面中生成日常血压及血糖含量变化统计，便于用户观察病情。

（3）基于人性化设计，圆润的外观可以在最大程度上消除产品的生硬感。内置针头存放处，使用户出行无忧。

（四）商业模式

（1）实行商业闭合模式，研产销一体化。通过市场反馈与产品研发循环交互，迭代更新。

（2）制定科学的竞争策略。不拘泥于生产线，把产品做专做精。

项目瞄准了糖尿病患者这个庞大的市场，调研发现目前胰岛素注射器存在着人性化缺失、技术停滞的现状，无法满足患者日益增长的需求。团队研发的家用胰岛素注射器注重人性化、智能性、便携性，并能在市场反馈中不断迭代升级，优化产品。

四、绿色ATM——基于碳中和的环境友好型乡村活化试验区

（一）设计说明

碳中和是指将 CO_2 的排放量减到最低限度，并通过植树造林等碳汇方式，实现正负抵消，达到相对的"零排放"，碳汇方式流程如图7-1所示。碳中和已经在全球范围内掀起一场涉及人类共同命运的大规模运动，也是我国可持续发展的必然选择。目前，中国乡村建设中高能量、高消耗、高开支、高浪费的"高碳排"模式显然和碳中和的目标背道而

驰，也违背了乡村原有的生态规律，转变是其必由之路。

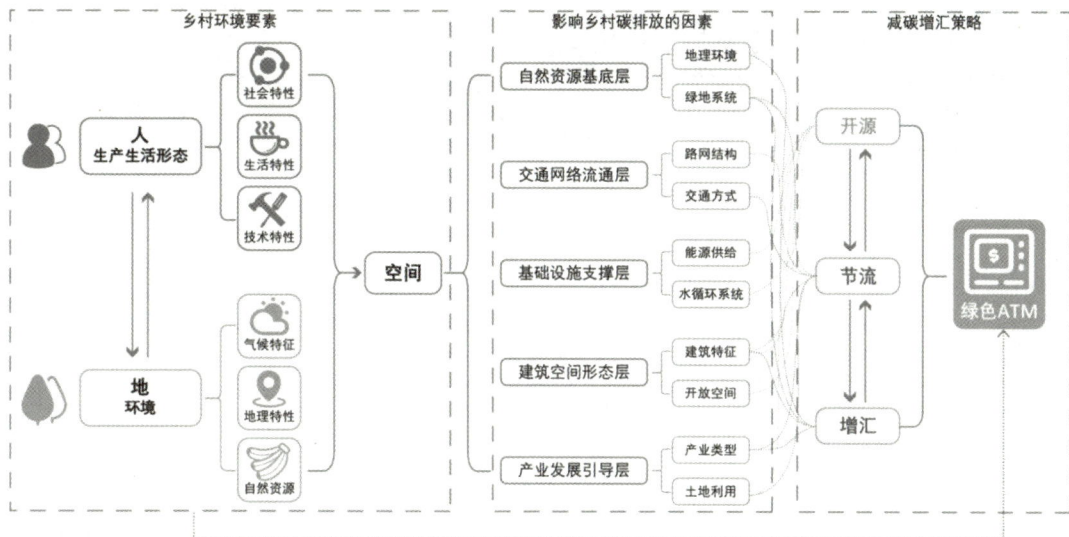

图 7-1 碳汇方式流程

作为全国首个公共机构会议碳中和项目落地点，遂昌箍桶丘村具有极大的潜力探讨基于碳中和的环境友好型乡村活化方式，并为中国千万个村落转型提供可借鉴模式。基于箍桶丘村原有的碳汇资源，项目通过开源、节流、增汇三大手段对影响村庄碳排放的五大空间要素进行调控，构建了不同类型的碳中和模式，并将碳中和的科普教育与场景体验融于村庄的生产生活中，引导村民与游客自发参与到环境友好型乡村营建中。

（二）规划目标

（1）改造乡村原有的高碳排生活方式，因地制宜选择适合场地的高碳汇植物品类，全方位促进乡村碳循环系统由碳盈余向碳中和甚至碳增汇的方向发展。

（2）充分考虑地域特色，村庄以开源、节流，石姆岩景区以增汇为主导策略，打造村民生活与科普体验相结合的游憩空间。

（3）通过线上 App 记录游客、村民的低碳行为，获取虚拟碳币积分，用积分兑换奖品的方式构建绿色 ATM 机制，有机的互动能使机制自发成长，并实现可持续维护。

（4）以箍桶丘村为核心形成村域范围乃至区域范围内的碳中和网络和能量循环网络。

这个项目贯彻落实了双达峰碳中和战略，以推动碳中和乡村振兴为契机，着眼于乡村治理，探索实施低碳乡村，积极打造长三角乃至全国生态文明建设和高质量可持续发展的美丽乡村样板。

第八章 创业实训

【素养目标】本章旨在通过实训活动，帮助学生在真实的创业场景中积累经验，培养和提升创业素养，掌握创业过程中的实际操作技能，学会有效地与他人合作、协调团队资源，从而更好地应对复杂的创业环境，提高创业成功率，为日后的创业活动打下坚实基础。

创业实训是培养大学生创新创业能力的重要途径。通过这些实训活动，大学生可以亲身参与创业过程，了解创业的各个环节，从而培养自己的创新创业能力。与此同时，通过创业实训，大学生可以培养创新精神、增强社会责任感、提升综合素质，为未来的创新创业打下坚实的基础。思想政治教育也可以从创业实训中汲取新的元素和思路，为大学生创新发展注入新活力。

一、创新思维案例

（一）案例名称：国歌乐曲同步升旗绳

目前，国内有很多学校和政府单位经常要升国旗，特别是学校，每周星期一早晨都会举行升旗仪式。在升旗仪式中，一般都是一边缓缓升旗，一边高唱或高奏国歌，国旗升到旗杆的顶端时国歌正好结束，当然这是最理想的情况。可是，这种情况出现的时候不多，要么国歌还没唱完或奏完国旗已到顶，要么是国旗还没到顶国歌已经唱完或奏完。针对这个问题，可以设计专用的电动控制设备来解决，但为此花费不小，人们认为没必要。四川省某学校的一名同学在旗杆的绳子上动了一番脑筋，想出了一个既能解决问题，又省事省钱的好办法。他进行了这样的想象：如果按照国歌的旋律和节奏在旗绳上定出一些间隔，再在各个间隔上填入相应的歌词，升旗时一边拉绳，一边看旗绳上的歌词，这样便能做到国旗升到旗杆顶端时国歌正好结束。他思考这个问题时，运用了形象思维中的预示想象创新思维方法。这位同学想出的办法比较简单，但并不意味着只需脑筋一动，便能想得出来。他先在头脑中反复进行了预示想象，设想如何才能使升旗的速度和节奏与唱奏国歌的速度和节奏相对应，使二者同步。然后，他找来一些塑料小珠子，在每个塑料小珠子上都写上一定的歌词，再依次按一

定的间隔串在旗绳上。他经过若干次调整塑料小珠子的间隔，反复进行试验，才制成这种国歌乐曲同步升旗绳。目前，它已被厂家所采用，并生产出标准产品。

（二）案例点评

在这个创新思维案例中，一名学生通过形象思维中的预示想象创新思维方法，提出了一个简单实用的解决方案。这个简单实用的解决方案，降低了成本和复杂性，通过实践和不断调整，充分展示了创新思维所能带来的创造性解决方案和实际价值。该解决方案成功地解决了升旗与唱奏国歌不同步的问题，并且被应用于生产标准产品。

1. 国歌乐曲同步升旗绳的成功之处

该案例中，学生充分发挥了创新思维，在解决问题时采用形象思维中的预示想象创新思维方法，提出了与众不同的解决方案。该学生进行了多次试验，对塑料小珠子的间隔进行了调整，最终制成国歌乐曲同步升旗绳并被厂家采用。该学生的创意方法简单实用，通过简单的措施就能解决问题，并且能够被广泛接受和应用，这也是其成功的关键。

2. 国歌乐曲同步升旗绳的不足之处

国歌乐曲同步升旗绳需要升旗人通过观察旗绳上的歌词来调整升旗速度，使其与唱奏国歌同步，因此对于视觉有一定的依赖性，操作起来可能会有一定的困难。另外，产品科技含金量不足，比较简单，没有技术壁垒，容易被模仿。

3. 国歌乐曲同步升旗绳案例的启示

（1）要运用创新思维方法。在解决实际问题时，可以运用创新思维方法，如形象思维中的预示想象等，来寻找与众不同的解决方案。这种方法可以帮助我们突破思维定式，拓展解决问题的思路。

（2）要关注实际需求。创新思维应该关注实际需求，寻找问题的根源，从而提出有针对性的解决方案。在这个案例中，学生关注到升旗仪式中，升旗与唱奏国歌不同步的问题，从而提出了解决方案。

（3）解决方案要简单实用。创新思维的成果应该具有简单实用的特点，以便于推广和应用。在这个案例中，学生提出的解决方案非常简单，只需在旗绳上间隔设置歌词，就可以实现升旗与唱奏国歌的同步，从而使该方案具有较高的实用性和推广价值。

（4）要激发好奇心与求知欲，对未知的事物保持探索的热情。在这个案例中，学生的好奇心和求知欲驱使他去寻找升旗仪式中升旗与唱奏国歌不同步问题的解决方案。

总之，这个案例为我们提供了运用创新思维解决实际问题的启示，包括运用创新思维方法、关注实际需求、解决方案要简单实用及激发好奇心与求知欲等，可以提高我们的创新思维能力，更好地应对现实生活中的各种挑战。

（三）实训作业与要求

（1）阅读并理解上述案例，了解案例中的问题、创新思维方法、实践过程和成功原因，运用头脑风暴法等创新思维方法，分析大学生不花钱就让寝室更加美观的方法。

（2）运用案例中的创新思维方法，如形象思维中的预示想象等，提出大学生不花钱就让寝室更加美观的具体行动方案。

（3）各团队讨论大学生不花钱就让寝室更加美观的解决方案的优点和不足，以及接下来改进的方向。

（4）撰写大学生不花钱就让寝室更加美观的创新思维训练实训报告，要条理清晰地阐述问题、创新思维过程、实践结果和心得体会，以便于自我总结和反思，提高自己的创新能力和问题解决能力。

二、创新成功案例

（一）案例名称：Dropbox

Dropbox（多宝盒）公司是一家成立于 2007 年的在线云存储服务公司，公司总部位于美国加利福尼亚州旧金山，创始人是德鲁·休斯顿（Drew Houston），该公司为全球用户提供云存储、共享和协作等服务。Dropbox 是 Dropbox 公司提供的联机存储服务，通过云计算可以实现互联网上的文件同步，用户可以用其存储并共享文件和文件夹。Dropbox 提供免费和收费服务，在不同作业系统下有客户端软件，并且有网页客户端。Dropbox 支持文件的批量拖拽上传，单个文件最大上限为 300MB。如果用客户端上传则无最大单个文件的限制，免费账户总容量最大达 18.8GB，但若流量超标，整个账户的外链流量就会被取消。Dropbox 主要专注于同步和共享。另外，Dropbox 支持修订历史记录，即使文件被删，也可以从任何一台同步计算机中得以恢复。2018 年 5 月 10 日，Dropbox 发布了上市后的首份财报，财报显示，排除部分项目，Dropbox 第一季度每股收益 8 美分，营收为 3.163 亿美元，同比增长 28%。

（二）案例点评

Dropbox 是由美国斯坦福大学的大学生德鲁·休斯顿在 2007 年创办的云存储服务公司，他的创新思路极大地改变了人们处理文件和数据的方式。

1．Dropbox 的成功之处

Dropbox 是一个无缝相连的文件同步和共享平台，其设计简洁、功能简单，让用户可以方便快捷地进行文件管理和共享，提升了用户体验。Dropbox 还提供了功能强大的团队协作工具，允许多名用户在同一文件上同时进行编辑和注释，提高了团队合作的效率。

2．Dropbox 的不足之处

Dropbox 虽然是最早进入云存储市场的公司之一，但面临与 Google Drive、OneDrive 等巨头，以及一些国内云存储公司的激烈竞争，需要不断创新和改进来保持竞争力。Dropbox 的价格相对较高，尤其是对于需要很多存储空间的用户来说，这限制了其市场份额的扩大。另外，Dropbox 需要注意隐私和数据安全问题，同时在价格上与其他竞争对手保持竞争力。

3．Dropbox 的启示

Dropbox 的出现解决了人们在不同设备上管理和共享文件的需求，给用户带来了便捷的体验。Dropbox 的界面设计简洁，让用户可以轻松上手，迅速掌握其功能和使用方法。Dropbox 在技术上不断创新，不断提高文件同步和共享的效率，同时确保数据安全。Dropbox 凭借其优秀的产品质量和服务，获得了大量用户的信任和好评。Dropbox 在发展过程中，不断推出新功能，改进用户体验，以满足不断变化的市场需求。

总体而言，Dropbox 是一个非常成功的大学生创业案例，创业者通过创新的思维和技术，解决了人们在文件管理和共享方面的痛点，提供了便捷的解决方案，并不断进行创新和改进，赢得了用户的信任和市场的认可。

（三）实训作业与要求

（1）假设你要改善校园超市的购物体验，那么请列出校园超市购物中涉及的利益相关者，并说明他们之间是如何相互作用和影响的。通过利益相关者分析，选出你感兴趣的、想要为他们的需求提供创新设计的人群。

（2）确定要改善校园超市购物体验的利益相关者，针对这一利益相关者设计出一个创新解决方案。

（3）请组建创新实践团队，运用市场调查分析法、访谈法对你所确定的利益相关者展开调查，挖掘校园超市购物痛点、购物需求点，并进行总结归纳。

（4）请运用用户要点聚焦表、三维度匹配表、内外因分析法分析你了解到的校园超市购物体验痛点与需求点，排除伪需求，识别真需求。

三、创业准备案例

（一）思维导图制作

1. 案例名称：考试类书籍思维导图制作

在阅读考试类书籍（如课本）之前，我们可以制作一张思维导图，厘清自己的思路，并制订学习计划。

（1）明确方向。我们可以设定考试目标，并制订相应的奖励计划，使学习、考试与娱乐形成良好的循环。

（2）浏览课本。初步确定课本中的重点章节与难点问题，有利于后期阅读的时间分配，并帮助我们建立对课本的整体印象。

（3）激活思路。我们要尝试回忆课本中的知识，尽可能地在大脑中搜索。这样既了解了自己对课本内容的熟悉程度，又让自己对于知识的记忆现状有了一个认识。

（4）行动计划。阅读课本的行动计划十分重要。除第一次阅读的时间计划以外，我们还可制订多轮复习回看的时间计划。

2. 案例名称：日常书籍思维导图制作

在阅读日常书籍之前，我们也可以制作一张思维导图，指导我们阅读。

以《拥舞生命》一书的思维导图为例具体进行说明，如图 8-1 所示。

（1）明确方向。我们可以问问自己，"阅读这本书的初衷是什么"，"到底想从书中得到什么"，深入思考一下自己阅读的目的和目标。

（2）浏览。我们可以根据作者、章节、开篇、结尾、重点等方面，指引思路，收集书籍的基本信息，使我们在深入阅读之前，先大致了解这本书，并对全书的结构和内容进行初步评估，这有利于后期阅读时对时间进行把控。

（3）激活大脑。我们可以根据目标和内容进行回忆，努力激活大脑原有的知识储备。这将潜移默化地加快我们的阅读速度。

（4）行动计划。根据自己设定的阅读时间，我们可以制订详细的阅读计划。在阅读计划制订好之后，如果我们按照计划完成了当然很好，但就算我们没有按照既定的计划完成阅读，这个过程也会让我们发现自己在时间预测方面的不足之处。

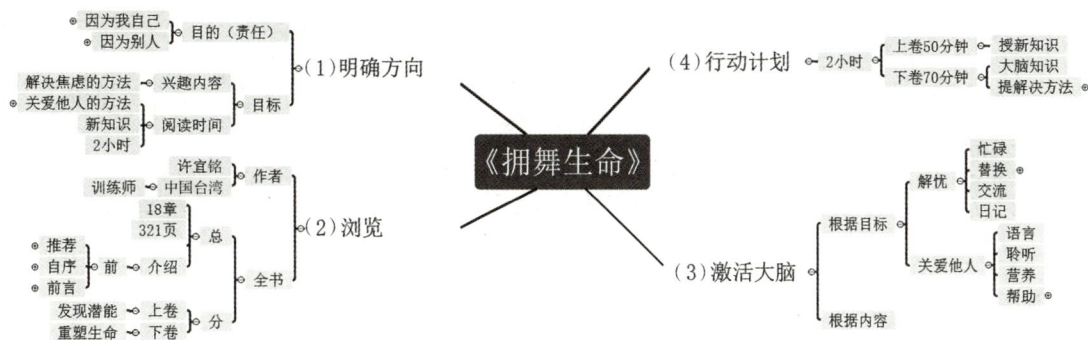

图 8-1 《拥舞生命》思维导图

（二）案例点评

1. 思维导图的成功之处

思维导图的结构清晰，以核心主题为中心，辐射出各个章节，使我们能够快速了解整本书的结构和内容。思维导图的知识点详细，对书中的重点内容进行了详细梳理，有助于我们掌握知识点之间的联系。思维导图的视觉效果好，采用了图表、图形等元素，使抽象的知识点更直观易懂。思维导图能提升我们的记忆效果，通过将抽象的信息转化为直观的图形，加深了我们对知识的理解和记忆。

2. 思维导图的不足之处

思维导图也存在以下不足之处。首先，过于详细，思维导图可能过于详细，导致视觉负担较重，使我们在查看时容易产生混淆。其次，缺乏层级关系，思维导图未明确体现知识点之间的层级关系，可能使我们难以把握知识体系的整体结构。最后，更新不便，纸质思维导图一旦印刷，难以随时更新，可能使我们不能迅速获取最新的知识点和信息。

3. 思维导图的启示

通过点评分析可以看出，思维导图的利大于弊，能够帮创业者厘清思路，梳理相关领域的知识体系，从而更好地把握行业动态和市场需求。思维导图能够提高创业者在创业过程中收集信息的效率，使用图表、图形等元素降低信息的抽象性，提高传递效率。思维导图能促进团队协作，团队成员能使用在线思维导图工具在同一个页面上进行实时协作。思维导图能够持续更新和改进。在创新创业过程中，企业需要不断更新和优化产品或服务，以满足市场和用户不断变化的需求，借助在线思维导图工具能够进行实时更新和调整。

（三）实训作业与要求

（1）主题：大学生创业准备。针对大学生创业准备，制作一份大学生创业准备思维导图，将大学生创业准备细分，如分为知识准备、能力准备、经验准备等。

（2）在思维导图中，第二级主题中要包含主题的方向、章节结构、知识点等内容。

（3）使用图表、图形等元素，使思维导图更加生动形象。思维导图可以是纸质版的，也可以是电子版的，但要确保易于分享和更新。

（5）处理问题的时候，团队成员要针对每个子主题展开讨论，运用发散思维和聚合思维对问题进行归类，得出各个子主题的解决方案，最后形成一份大学生创业准备的思维导图。

四、创业团队案例

（一）案例名称：滴答网创业团队

张三、李四和王五是大学同学，他们一直有着共同的创业梦想。在毕业后的几年里，他们分别积累了相关领域的经验。张三在一家互联网公司担任过市场部经理，李四在一家科技公司担任过技术工程师，王五则在一家创业公司担任过运营总监。在一次偶然的聚会中，张三、李四和王五聊起了对创业的想法。他们发现当前市场上缺乏一个便捷、高效的计时工具，于是决定成立滴答网，为客户提供计时服务。他们相信，凭借着各自的经验和技能，他们能够打造出一个受欢迎的产品。初期，团队将张三的公寓作为办公地点，开始了艰苦的创业历程。团队成员利用业余时间进行市场调研、产品规划和技术研发。在李四的带领下，技术团队开发出了初步的产品原型，并进行了内测。其间，团队成员积极收集用户反馈，不断优化产品功能。王五负责的市场团队通过线上线下的推广活动，吸引了大量用户注册。他们还与一些企业建立了合作关系，扩大了品牌的影响力。赵六负责的财务团队对项目进行了详细的财务规划，确保了项目资金的稳健。同时，他们还进行了风险评估，为项目的发展保驾护航。滴答网上线后，受到了用户的广泛好评，用户数量迅速增长。团队因此在业界崭露头角，获得了投资者的关注。随着业务的发展，团队逐渐扩大。孙七和周八分别加入了产品部和市场部，为公司的发展注入了新的活力。在张三的领导下，公司完成了多轮融资，规模进一步扩大。他们租用了独立的办公地点，招聘了更多优秀人才，不断创新和优化产品，为用户提供更好的服务。经过几年的努力，滴答网已经成为国内领先的计时工具平台。

（二）案例点评

1. 滴答网创业团队的成功之处

首先，团队成员有着不同领域的经验，做到了市场、技术、运营和财务等方面的全面覆盖，这样的团队组建方式有助于创业团队更全面地考虑和解决问题。其次，创业团队在选择创业方向时进行了市场调研，发现了市场上的需求缺口，有针对性地提供了解决方案，因此在竞争激烈的互联网行业中具备一定的市场竞争力。再次，初期团队规模适中，在张三的领导下，团队进行了有效的技术开发和市场推广工作，并且在融资方面也有了一定成果。最后，团队在发展过程中不断优化产品，受到了用户的广泛好评，用户数量迅速增长，从而引起了投资者的关注，为未来的发展奠定了基础。

2. 滴答网创业团队的不足之处

从该案例可以看出，在团队成立初期，办公场所选择在张三的公寓，可能会存在一定的空间限制和工作效率问题，团队形象可能会受到影响。团队成员虽然有多方面的经验，但在技术领域的研发方面可能需要更专业的团队成员加入，以提高产品的竞争力和稳定性。滴答网创业团队缺乏对整个行业与产品方面的深入、全面的市场调研。同时，该团队缺少稳定的收入来源，无法维持后续市场经营。该团队在科技研发与创新投入上没有具体的举措，同时缺乏系统的品牌战略运营规划，不利于企业在后续市场竞争中占据竞争优势，赢得更好的发展。

3. 滴答网创业团队的启示

大学生在组建创业团队时要注意充分利用校园资源和社会实践的机会，与他人建立起相互信任和默契的合作关系。在选择创业方向时，要进行充分的市场调研，发现市场需求和机会点，提供有价值的创新解决方案。团队成员要各司其职，形成互补的团队合作关系，这有利于提高团队的专业性和竞争力。在创业过程中，团队成员要不断学习和成长，提升团队的创新力和适应能力。

（三）实训作业与要求

（1）学习滴答网创业团队案例，掌握创业团队组建的基本原则和技巧，运用所学知识，组建一个具有互补优势的创业团队。

（2）寻找并邀请合适的团队成员加入，编写团队组建计划，包括团队介绍、团队目标、成员岗位分工、职责要求、团队沟通与合作机制等。

（3）根据创业项目内容实际，结合团队成员个体的优势，每位同学选择一个角色，深入理解该角色的职责和挑战，并进行角色扮演练习。

五、产品原型案例

（一）案例名称："艾蒙的造妖机"产品原型

"艾蒙的造妖机"是苹果手机里的一款应用程序，用户按照设计流程可以为自己制造虚拟朋友。在应用程序开发过半的时候，设计者突发灵感，想要加一个舞蹈功能，即用户可以指导"艾蒙"伴随着简单的音乐完成不同的舞蹈动作。设计者对这项设计很有信心，但是团队其他成员对此并不看好，这项设计面临被否定的可能。设计者抓住与合作伙伴开会前 1 小时的时间，录制了一个视频。他用公司现成的绘图仪打印了一个尺寸超大的手机外形图，贴在泡沫塑料板上，在"手机屏幕"的位置划开一个长方形窗口，然后人站在"手机"后面，身体就出现在"屏幕"上。而另一个人操作笔记本的网络摄像头，切换到录像模式，模拟用户与应用程序的交互（如点一下人的鼻子，人就开始跳舞），并录下整个过程，进行简单的剪辑，这就形成了功能展示的原型。从网络摄像头的角度看，纸板的手机看上去和真机的比例相似。视频简单有趣又可爱，说服效果明显强于语言表述。

（二）案例点评

1. "艾蒙的造妖机"产品原型的成功之处

"艾蒙的造妖机"产品原型制作了一个尺寸超大的手机外形图，并利用人体动作与虚拟场景结合，这种直观且新颖的展示方式让人一目了然，增强了交互体验的真实感。"艾蒙的造妖机"产品原型以简单、直接的方式展示了应用程序的新功能，使团队成员和合作伙伴能够快速理解并给予反馈。"艾蒙的造妖机"产品原型可爱的动画风格和有趣的交互设计容易引起观看者的情感共鸣，提高产品的吸引力。

2. "艾蒙的造妖机"产品原型的不足之处

"艾蒙的造妖机"产品原型的展示方式可能仅适用于特定的环境和条件，如需要稳定的网络摄像头支持，且对于观看环境有一定的要求。"艾蒙的造妖机"产品原型打印超大的手机外形图和制作视频可能会产生一定的成本，对于资源有限的创业团队来说可能是一笔不小的开销。"艾蒙的造妖机"产品原型的制作需要团队成员具备一定的视频制作和技术处理能力，对于技术力量不足的团队来说可能是一个挑战。

3."艾蒙的造妖机"产品原型的启示

大学生在创新创业时要敢于尝试以新颖的方式进行产品展示和推广,以增强吸引力和说服力,学会利用现有资源和能力,以最小的成本实现产品原型的制作和展示。大学生制作产品原型既要传递出情感,与用户产生共鸣,提高产品的市场竞争力和用户黏性,又需要团队成员共同努力,实现设计、制作和展示等各个环节的紧密配合,并根据市场情况进行持续的优化和改进,以满足用户不断变化的需求。

(三)实训作业与要求

通过学习上述案例,请各团队成员合作完成以下实训作业。

(1)请团队成员利用故事板、角色扮演、制作视频工具和 Axure RP 方法进行产品原型的设计和开发,并进行模拟实操。

(2)请各团队成员对制作的产品原型进行汇报和展示,包括设计思路、制作原理、未来市场应用的可行性。

(3)请各团队成员合作将团队设计的产品原型提供给相关用户使用,并记录用户反馈,评价优点与不足,共同探讨产品原型改进策略。

六、商业画布案例

(一)案例名称:共享单车的商业画布

为了加强对商业画布这个工具的理解,以共享单车的商业画布(见图 8-2)为例,对照共享单车商业画布九大核心模块分别进行分析,来理解商业画布的含义及各模块之间的关系。

(1)客户细分群体:共享单车的主要用户(客户)为学生、上班族、居民和游客等需要短途出行的群体。

(2)价值主张:共享单车为用户提供便捷、经济、绿色的出行方式,解决短途出行难题,同时减少交通拥堵和环境污染。

(3)分销渠道:通过手机 App、网站和微信公众号等渠道,用户可以轻松地查找、解锁和使用单车。

(4)客户关系:共享单车通过优质的服务和便捷的骑行体验,与用户建立长期的合作关系。同时,通过用户反馈和处理投诉,不断提升用户满意度。

(5)收入来源:共享单车的收入来源主要包括单次骑行费用、广告收入、数据服务收入、政府补贴等。

（6）核心资源：共享单车的核心资源包括车辆、物联网技术、大数据分析和移动互联网技术等。

（7）关键业务：共享单车的关键业务包括车辆采购、投放与维护、调度和数据分析等。

（8）关键合作伙伴：共享单车的合作伙伴主要包括自行车制造商、物联网技术提供商、大数据分析公司和广告商等。

（9）成本结构：共享单车的成本主要包括车辆采购和维护成本、技术开发和运营成本、市场营销和广告成本，以及人力资源和管理成本等。

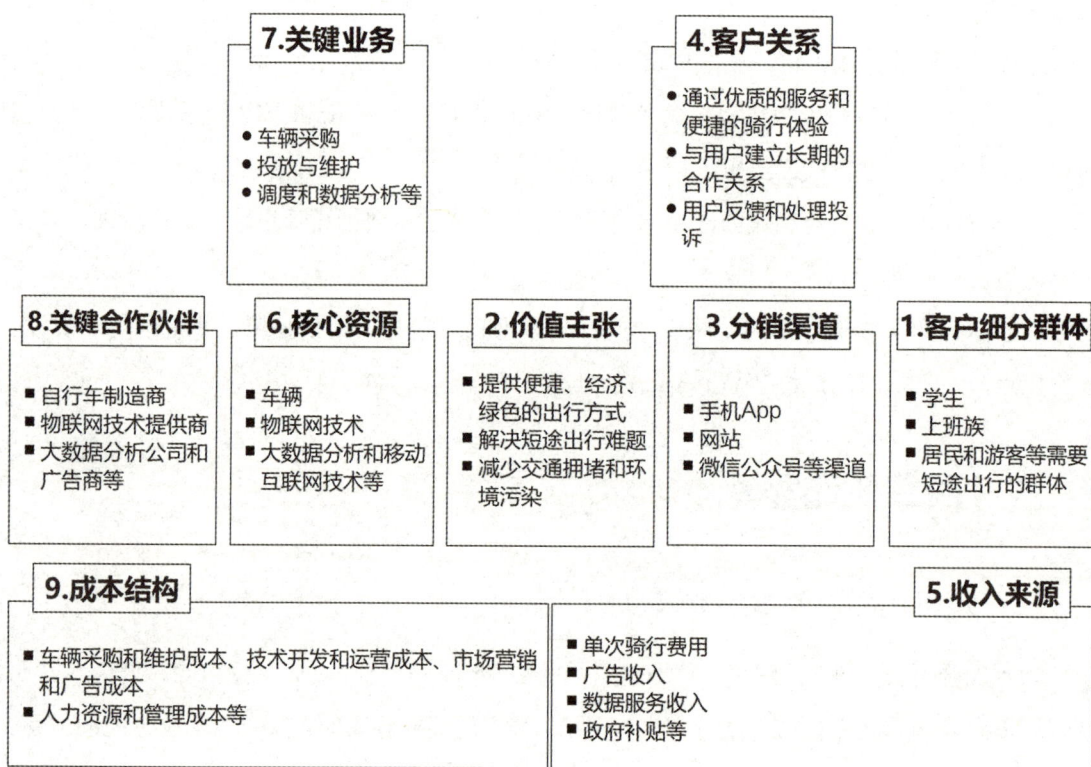

7.关键业务
- 车辆采购
- 投放与维护
- 调度和数据分析等

4.客户关系
- 通过优质的服务和便捷的骑行体验
- 与用户建立长期的合作关系
- 用户反馈和处理投诉

8.关键合作伙伴
- 自行车制造商
- 物联网技术提供商
- 大数据分析公司和广告商等

6.核心资源
- 车辆
- 物联网技术
- 大数据分析和移动互联网技术等

2.价值主张
- 提供便捷、经济、绿色的出行方式
- 解决短途出行难题
- 减少交通拥堵和环境污染

3.分销渠道
- 手机App
- 网站
- 微信公众号等渠道

1.客户细分群体
- 学生
- 上班族
- 居民和游客等需要短途出行的群体

9.成本结构
- 车辆采购和维护成本、技术开发和运营成本、市场营销和广告成本
- 人力资源和管理成本等

5.收入来源
- 单次骑行费用
- 广告收入
- 数据服务收入
- 政府补贴等

图 8-2　共享单车的商业画布

（二）案例点评

通过共享单车的商业画布，我们可以发现，共享单车项目利用数字化技术，解决了传统租金、证件抵押、与用户互动等方面存在的问题，满足了人们短距离出行的需求。

1. 共享单车的商业画布的成功之处

共享单车的商业画布促进了沟通与协作，提供了一种标准化语言，使团队成员、合作伙伴和利益相关者可以围绕商业画布进行有效沟通和协作。共享单车的商业画布能够使创业者快速构建商业模式的原型，并在实际操作中不断调整和优化，从而降低失败的风险。共享单

车的商业画布能帮助创业者集中在关键的商业模式要素上，如客户关系、收入来源等，使企业能适应不同的商业环境和市场变化，在面对不确定性时仍能保持灵活性。

2. 共享单车的商业画布的不足之处

共享单车的商业画布过于理想化，在设计时可能忽视了实际操作中的复杂性和不确定性因素。对商业画布的理解和有效运用需要具备一定的商业知识和管理知识，这对于没有经验的大学生来说可能是一个挑战。

3. 共享单车的商业画布的启示

商业画布的使用可以帮助创业者更清晰地理解商业模式，提高其在创业过程中的决策质量。通过运用商业画布，创业者会更加重视团队协作，明确团队成员的角色和责任，提高团队效率。商业画布包含商业模式的各个要素，可以向投资者展示项目的商业潜力，提高创业的成功率。

（三）实训作业与要求

（1）请各团队成员选择一个感兴趣的商业案例，要了解选定商业案例的背景信息、目标市场、核心价值主张、竞争优势等，并使用商业画布进行分析。选取案例时要确保案例有足够的信息和数据可供分析，不要选择过于复杂或缺乏数据的案例。

（2）请各团队成员根据商业画布的九大核心模块，将选定的商业案例中的信息填入其中，确保每个模块都有详细的信息和相关的思考。

（3）请各团队成员对商业画布的九大核心模块进行分析和解释，解释各模块在案例中的意义和作用，以及与其他模块之间的关系，并引用相关数据支持自己的观点。

七、商业计划书案例

（一）案例名称：绿色智能出行商业计划书

1. 公司概述

公司名称：绿色出行科技有限公司。

行业定位：专注于提供绿色智能出行解决方案的创新型科技公司。

目标市场：城市公共交通、企业通勤和个人出行市场。

2. 产品与服务

产品名称：绿色智能出行系统。

产品特点：结合新能源技术和智能交通系统，提供环保、便捷、高效的出行解决方案。

服务内容：提供绿色出行工具（如电动自行车、电动摩托车等）、智能交通设施（如充电桩、智能停车系统等）和出行服务（如共享出行、通勤解决方案等）。

3. 市场分析

随着环保意识的提升和新能源技术的发展，绿色智能出行市场的需求不断增长，城市公共交通、企业通勤和个人出行市场潜力巨大。市场上已有一些绿色智能出行解决方案提供商，但绿色出行科技有限公司通过技术创新和差异化服务在市场中占据了竞争优势。

4. 商业模式

收入来源：销售绿色出行工具（如电动自行车、电动摩托车等），提供智能交通设施（如充电桩、智能停车系统等）的建设和运营服务，提供出行服务（如共享出行、通勤解决方案等）。

成本结构：产品研发成本、生产制造成本、销售和营销费用、运营维护成本、行政和管理费用。

客户关系：提供优质的售后服务，通过社交媒体、线上线下活动与客户保持互动和沟通，与客户建立长期合作关系，提供定制化解决方案。

5. 营销策略

打造绿色、智能、环保的品牌形象，提升品牌知名度和美誉度；利用网络广告、户外广告、线上线下活动等多种渠道进行市场推广；与城市公共交通企业、房地产商、停车设施运营商等建立合作伙伴关系，共同推广绿色智能出行解决方案。

6. 财务规划

首期投资预计为 1000 万元人民币，主要用于产品研发、市场推广、设备购置。

资金使用分为三个阶段：第一阶段用于产品研发和市场推广；第二阶段用于设备购置和渠道建设；第三阶段用于日常运营和扩张。通过销售产品、提供服务及后期维护获得收益，实现盈利。

7. 团队介绍

公司创始人：具有多年绿色出行行业经验，具备丰富的技术背景和市场营销经验。

核心团队：由技术研发、市场营销、客户服务等多个领域的专业人士组成，团队成员具有丰富的行业经验和突出的专业技能。

8. 未来规划

持续研发新技术，提升产品性能和智能化水平；满足市场需求，在三年内开拓多个城市

的市场，扩大业务规模和市场份额；与知名品牌、政府机构、公共交通企业等建立战略合作伙伴关系，共同推广绿色智能出行解决方案；推行环保出行理念，减少城市交通污染，提升城市出行品质。

（二）案例点评

1. 商业计划书的成功之处

商业计划书明确了公司专注于绿色智能出行解决方案，目标市场明确，有利于集中资源和精力进行市场开拓。商业计划书提出的绿色智能出行系统结合了新能源技术和智能交通系统，符合当前的发展趋势。商业计划书提出了品牌建设、市场推广和合作伙伴关系建立的营销策略，有助于提高产品和公司的知名度。商业计划书对资金需求、使用计划和盈利模式进行了明确规划，有助于控制成本和实现盈利。商业计划书强调了团队成员的专业背景和行业经验，增加了创业项目的可信度。

2. 商业计划书的不足之处

商业计划书虽然提到了市场需求的增长，但未提供具体的市场调研数据和分析，不足以支持项目的实施。虽然提到了收入来源，但未详细说明如何通过这些收入来源实现盈利，以及如何与竞争对手区分开来。虽然有扩张规划和产品研发方向，但缺少具体的实施步骤和时间规划。

3. 商业计划书的启示

创业者创业前应先明确自己的业务定位，找到市场缺口，专注于特定的细分市场。一个专业的团队是创业成功的关键，创业者应注重招募和培养具有互补技能的团队成员。商业计划书应包含详细的财务规划和市场营销策略，确保方案的可行性和营利性。创业者在产品和服务上要持续创新，以满足市场不断变化的需求，保持竞争优势。在进行市场规划前，创业者应进行深入的市场调研，了解目标客户群体的需求和竞争对手的情况。

（三）实训作业与要求

（1）请针对自己或团队成员感兴趣的领域进行创业，围绕一个领域或行业的市场群体提出一个创业项目，撰写一份商业计划书，包括项目描述、创业团队、产品或服务、市场与竞品分析、市场营销策略、财务规划、融资计划、风险分析等内容。

（2）完成商业计划书后，团队成员要根据商业计划书进行路演，制作路演汇报 PPT。当其他创业团队对路演项目进行提问时，团队成员要进行解答，最后由教师对路演进行点评。

八、创业法律案例

（一）案例名称：创业公司侵权纠纷维权

某创业公司成立于 2015 年，专注于智能硬件产品的研发与生产。2017 年，该公司研发出一款智能手环，具有运动健康、智能提醒等功能。产品上市后，销量和口碑均表现出色。然而，在 2018 年，竞争对手推出了类似功能的手环，并声称是其原创产品。经过调查，该创业公司发现竞争对手在产品宣传中存在虚假陈述，误导消费者。此外，竞争对手还在社交媒体上散布关于创业公司侵权的言论，对创业公司的声誉造成了严重影响。面对侵权行为，该创业公司决定采取法律手段维权。其先向竞争对手发送了律师函，要求其停止侵权行为并赔礼道歉。竞争对手收到律师函后，并未采取相应措施。于是，创业公司向法院提起诉讼，指控竞争对手侵犯其知识产权并对其进行商业诋毁。在诉讼过程中，创业公司积极准备证据，包括产品设计图纸、专利证书、销售合同等，证明自身知识产权的合法性及竞争对手的侵权行为。同时，创业公司还聘请了专业律师团队，确保诉讼过程的顺利进行。经过审理，法院认定竞争对手侵犯了创业公司的知识产权，并判决其赔偿创业公司经济损失及诉讼费用，同时要求其在社交媒体上公开道歉。最终，创业公司在法律支持下成功维权。

（二）案例点评

1. 创业公司侵权纠纷维权的成功之处

从案例可以看出，创业公司在面对侵权行为时，果断采取法律手段维护自身权益，表现出较强的法律意识。创业公司在诉讼过程中，积极保留并准备证据，证明自身知识产权的合法性及竞争对手的侵权行为，提高了维权成功的可能性。创业公司聘请了专业律师团队，确保诉讼过程的顺利进行。

2. 创业公司侵权纠纷维权的不足之处

上述案例中，创业公司面对侵权还有进一步完善的空间。竞争对手在侵权行为中被判决赔偿经济损失及诉讼费用，但未提及具体的赔偿金额，可能对创业公司的经济利益造成一定影响。因此，创业公司应通过明确赔偿金额、进行保险评估、加强沟通和监控后续发展等方式来使竞争对手充分赔偿经济损失。同时，创业公司也应从中吸取教训，加强自身的知识产权保护，同时避免侵犯他人的知识产权，确保企业的业务模式合法合规。竞争对手在社交媒体上散布关于创业公司侵权的言论，对创业公司的声誉造成严重影响，产生了难以估计的损失，创业企业要在这方面进行考察，从而最大限度地挽回损失。

3．创业公司侵权纠纷维权的启示

上述案例为创业者提供了维权方面的借鉴，提醒创业者要增强法律意识，了解相关法律法规，以保护自身合法权益。创业者应重视知识产权保护，及时注册专利、商标等，降低被侵权的可能性。在面对侵权纠纷时，创业者应积极收集和保存相关证据，以便在诉讼过程中为自己争取有利条件。如果遇到侵权行为，创业者应果断采取法律手段，维护自身权益，在诉讼过程中聘请专业律师，确保维权过程顺利进行，关注舆论动态，及时发现并回应竞争对手的侵权行为，避免造成声誉损失。

（三）实训作业与要求

（1）请认真了解创业侵权行为的类型和表现，学习如何收集和保存维权证据，掌握维权策略和法律手段的应用，制作一份创业侵权风险分析和维权方法表。

（2）请分析某一创业企业或团队可能面临的侵权风险，可能存在的侵权行为的类型和表现，并制订维权计划，包括证据收集、诉讼策略和法律手段。

（3）请团队协作模拟维权过程，进行实际操作，如发送律师函、沟通、收集证据等，撰写创业侵权与维权的实训总结报告。